知的生きかた文庫

「いい人」をやめたほうが好かれる

加藤諦三

JN192620

三笠書房

はじめに――今、増えている！「内づらがわるくて外づらがよい人」の心理を探る――
心から安心できる「居場所」はありますか

私はラジオでテレフォン人生相談を担当して驚いたことがいくつかある。

その一つが「世の中に、外づらがよくて内づらがわるい人がこれほどたくさんいるのか」ということである。

「主人はいったんぶつぶつ文句をいいだすと、夜中の二時、三時まで延々といいつづけるんですよ」と奥さんが電話してくる。

そんな奥さんに「ご主人は会社ではどうですか？」ときくと、必ずといっていいほど次のような答えがかえってくる。

「それが模範社員らしいんですよ。それで誰に相談しても、私がわがままだ、ということになっちゃうんです」

要するに「会社では別人」。責任感が強い。

ご主人が家に帰ってきて、奥さんの出迎え方がわるいといって不機嫌になり、玄関のスリッパの並べ方がわるい、とスリッパを投げる。おはしの並べ方がわるいというのもある。

ご主人が冷蔵庫の前にいて、ある食べものや飲みもののことをいう。そこで、ちょっと「冷蔵庫の中にあるから、出してくださらない」というと、それでとたんに不機嫌になる。

これらはすべて不機嫌の口実で、夫はこのことで不機嫌になっているのではない。もともと不機嫌な夫が帰ってきただけである。

「冷蔵庫の中にあるから、だしてくださらない」という言葉は、別に相手に対する蔑視ではないが、神経症的傾向の強い夫にしてみれば、屈辱に感じられたのである。

隣の家のことをちょっとほめたとたんに不機嫌になって、隣近所の悪口をこれまた夜中までいいつづける。返事の仕方ひとつで不機嫌になって夜中までネチネチと文句をいいつづける。

返事の仕方ひとつで不機嫌になって、夜中までぶつぶつネチネチ文句をいわれたのでは、いわれるほうも消耗する。いったん不機嫌になると、なかなか直らない。

そこで妻が「とにかくどうでもいいからあなたの好きなようにしてください」という。すると「そのいい方は何だ」ということになる。

もちろん妻のいい方が原因ではない。もともと妻との人間関係が夫にとって不確かなのである。不愉快なのである。さらに本質的には夫の自我の確認が不確かなのである。

もっと正確にいえば、妻との関係が不愉快なのではなく、身近な人と親しい関係を持てない人なのである。つまり現在の妻と離婚しても次の妻とまた同じことが起きる。「好きなようにしてください」といわれても、当の本人自身が自分で自分をもてあましていて、自分にも自分がどうしたいのだかはっきりしないのである。自分で自分をもてあましているのだから、いいがかりをつけて責めつづけるより仕方ない。

このような夫は会社ばかりでなく、外づらは驚くほどよい。地域社会の人にも愛想がいいし、親戚にもいい顔をする。そこで皆が「あんないいご主人」ということになる。

内づらがわるくて外づらがよいというのは神経症の一つの症状である。

アメリカの著名な精神科医であり、精神医学者であるジョージ・ウエインバーグは「神経症と心理的健康の基準は社会とは無関係なのです」という。[1]

神経症者はパーソナリティーに矛盾を含んでいる。そしてその矛盾に苦しんでいる。内づらがわるくて外づらがよい人は、心の中で苦しみ悩んでいる。

内にあっては要求がましく、自分の感情を押しつけてくる人が、外にあっては他人によく思われようとペコペコしている。

ある場所では気がひけて、気がひけてどうしようもない人が、他の場所では一切の相手の感情を無視する暴君に変わる。

会社や隣近所の人によく思われようとしているくせに、妻に対してはまったく逆の態度にでる。外の人に対しては身を低くして、その人の意に迎合していくくせに、自分の妻に対しては、これでもかこれでもかと傷つけることをいう。

他の女性に対してはよく思われようとするから卑屈にさえなるのに、妻に対しては傲慢になる。

「夫はすぐに怒るから話ができない」という妻がいる。夫は妻に神経症的要求を持つ。しかし外づらはよい。「超」という言葉がつくほど外づらがよい夫は、妻や子供に対しては異常敏感性とでもいうほど何でもないことに激怒する。

アドラーはこの異常敏感性とともに「待てない、焦る」という性格を否定的性格としてあげている。(2) 要するに「内づらがわるくて外づらがよい人」は生きるのに適していない性格である。

このように外づらがよくて内づらがわるい人は、これからも確実に増えつづけるであろう。

こういう人は心の居場所がない。

内にも外にも、ここが安心という場所がない。内づらがわるくて外づらがよい人には「私はここさえあればよい」という場所がない。

内づらがわるくて外づらがよい人は、数として夫のほうが多いというだけで、夫と妻とを入れ替えても心理的特徴としては同じことである。

内づらがわるくて外づらがよい関係というのは、何も夫婦関係ばかりではない。親子関係でも同じである。

心のトラブルは人間関係を通してあらわれる。

ある娘はいう。「私はお父さんに殺される、お父さんは私を殺さなければ外でいきいきと活躍できない人だ」

「父親は大きな赤ん坊で、お母さんの紐みたいな人、紐にしがみついて、絶対離婚しない」

世間では病院の医院長として尊敬されている。やさしい先生といわれて慕われている。ライオンズクラブに属し、国際交流の通訳を担当し、留学生のことのボランティア等に走り回っています。その上、顔つきが上品で、知的で柔和、背は高くて180センチくらい。とにかく見た目は立派に見える。

なぜこうなるのか?

この本で、これからの時代ますます深刻になるであろう「内づらがわるくて外づらがよい人の心理」を少しでも明らかにできればと思ってとりくんだ。

もくじ

1章 「本音の自分」が教えてくれること

2章 子供のとき、その人の心に何が起こったか

3章

「他人軸」から「自分軸」の人生へ

4章

人は「素顔《ありのまま》」のあなたを好きになる

1章

「本音の自分」が教えてくれること

◉「理想の女性」と結婚したにもかかわらず

かつて千葉大女医殺人事件というのが世間をにぎわせたことがあった。千葉大学医学部整形外科の研修医Aが、同じ大学の研究生であり新婚の妻のB子さんを殺した事件である。

当時の報道によると、Aは学生時代、B子さんにベッタリで、週のうち五、六日は彼女のマンションに泊りこんでいたという。ところが結婚後、今までの仲睦まじさが急におかしくなりだす。

Aは千葉の歓楽街にあるパブで働いているダンサーのところに通いだす。盛大な結婚式を挙げたのが十月十日なのに、十月の下旬からこのパブにいりびたりになる。なぜAがこんなにも変わったのかについて、当時の週刊誌は二人の実家のことをあげた。B子さんの実家はお金持ちの名門、新居の豪邸ももちろんB子さんの実家が建ててくれたもの。その上、Aは養子である。Aが千葉大附属病院に就職できたのもB子さんの父の力だとかいろいろなことが書かれていた。

Aは豪邸で何不自由なく暮らしたが、新婚の奥さんを殺してしまう。当時の報道のように二人の実家の違いが、幼稚なAを殺人に走らせたという点があるかどうかは知らない。

ただそれにしても、結婚までは仲睦まじかったのに、なぜ結婚直後からネオン街にいりびたり、酒と女に溺れるような生活をはじめたのか。結婚前だってB子さんの実家はお金持ちであり、名門であったのだ。

大きな原因は内づらと外づらの問題である。学生時代からマンションへの泊りこみ時代まで、AにとってB子さんは外側の人だったのである。

しかし結婚したとたん、B子さんは彼にとって内側の人となってしまった。

その時点でAにとって、身近な人B子さんはわずらわしい存在となった。

いったん親しくなるとまったく別人のようになる。

B子さんに対して、自己同一性の未形成なAは自分の内づらが守れなかったのだろう。

B子さんといると彼は自我が不安定で、不愉快になる。自分を自分と感じるという確かな感覚がない。彼は自分を自分と感じるという自我の確認ができなかったにちがいない。

そこで彼はフィリピン人のダンサーに夢中になった。その女性が千葉から四国に行くと、彼はそのあとを追って四国へ飛ぶ。それほど夢中になっていた女性でも、おそらく結婚すれば、彼にとってはやはり同じことが内づらに起こるに違いない。

彼にとってどんな女性であれ、身近な人になったとたん、その女性に対する感情はうっ屈したものになる。自我の未確立な彼は、相手に対する感情の出口を失う。

◉「ぼんやりとした不安」から逃げつづけて

私はこの事件が報道されたとき、ある人を思いだした。

彼はエリートビジネスマンだが結婚に二回失敗し、三回目に芸者さんと結婚し、何とかつづいている。彼はどういうわけか、無意識の領域で自分の相手に負い目を感じてしまうのである。そこで徹底的に相手を非難して、腐《くさ》す。これでもか、これでもかと相手を腐す。

「おまえなんか俺がもらってやらなければ誰ももらってなんかくれるものか」などということを何回も何回もくり返していう。

「俺はおまえのような人間と結婚したのでひどく迷惑している」「おまえは誰にももらってもらえないが、俺はたくさんの女性から結婚を迫られて困った」

このような言葉を次から次へと使って相手を腐す。

このように相手を腐すのは、彼が無意識で相手に負い目を感じているからなのである。相手を腐すことによって自分という存在の負い目から逃れようと必死になっている。おまえはこんなダメな人間なのだから、拾ってやった俺に感謝しろ、というわけである。


しかし対人関係における負い目は、もともと自己存在の本来性を喪失してしまったことに起因している。やさしくいえば、内づらに自信がない。心の中に確かなものがない。だから、いくら相手を腐してみたところで負い目から逃れられるわけではない。いくら相手を腐してみたところで、それで自我の確認ができるわけではない。

いくら腐してみても、相手は自分以外の人と結婚できるのだ、という無意識の領域での感じ方は残っている。

「自分なんかと結婚して……」という相手に対する負い目は、抑圧できても彼の中から消えるものではない。

自分の本来性を喪失したことからでてくる自己評価の低さは、相手をけなしたことで解消するものではない。自己本来のあり方をとり戻すことによってしか、自己評価の不当な低さはなくならない。

相手をけなし、自分の自慢話をして虚勢を張ってみても、無意識の領域では依然として低い自己評価しか存在しない。

彼は、妻をこれでもかこれでもかと腐すことで、妻を自分のものにしようとしていたのである。

相手を傷つけ、痛めつけ辱しめることで自分の負い目から彼は逃げようとしていた。そして自分に負い目を感じさせることの少ない芸者さんと結婚した。

芸者さんなら、結婚〝してやった〟という態度を相手に示せて、自分の負い目から逃れられそうだからである。

彼にとって最もうれしかったのは、「私のような女とあなたのような立派な人とでは不釣りあいです」という芸者さんの言葉であった。これは彼の負い目を和らげるのに十分である。

相手の不幸ほど、彼を〝ほっ〟とさせるものはない。

彼は人間関係において負い目を感じるいわれなど、どこにもないのである。ところがどうしても感じてしまう。それは事実として何か負い目があるというのではなく、彼が「本来の自分」の生き方を放棄して生きてきたからである。

内側の人間に対してこれでもかこれでもかと腐しつづける彼は、外側の人間に対しては、これでもかこれでもかとお世辞を連発する。もうこれ以上迎合できないと思うほど迎合していく。

外に対しての迎合も、やはり負い目から逃れるための行動なのである。ただあらわれ方が逆になっているだけで、動機は同じである。

負い目を感じるいわれがないのに感じてしまうのは、やはり小さいころからの育てられ方によるところが大であろう。恩着せがましい親に育てられた結果である。

千葉大学の女性医師殺しの場合は、相手のほうが家柄がよかったのである。このケースにもう一つ条件がついて、ついに殺人にまで至ってしまったのであろう。自我の形成がなされていないかぎり、たとえ権威のある職業につき、豪邸に住んだとしても、常に挫折の可能性はある。内づらがよくなるということが人間の自我形成の一つのメルクマールであろう。

「近い人と親しくなれる」ということが情緒的成熟の表現である。

行きすぎた外づらのよさは、情緒的成熟の表現ではない。不安の表現である。

◉すべては、この「矛盾した感情」から生まれる

幼児は何をするにも母親が見ていてくれることを求める。おそらく母親の注目なしには何をやっても、やったという実感がないのであろう。

甘えた幼児は、どろんこ遊びをしていても、母親がそれを見ていてくれることで遊びの実感を持っている。もし母親が見ていなければ、遊んでいても何かが欠けている

ような空虚感を味わうであろう。

私がアメリカに滞在していたある日のこと、ホテルで日本人とアメリカ人の子供がボール蹴りをして遊んでいた。

アメリカ人の子供と違って、日本人の子供はいつも母親が見ていた。そして母親が部屋に帰ろうとすると走ってそのあとを追った。

おそらく日本人の子供は、母親が見ていてくれないとつまらなかったのであろう。遊んでいても何か物足りなかったにちがいない。つまり子供は母親が見ていなければ自我の確認ができない。おそらく母のあとを追っていくとき、子供の心の中には二つの気持ちがあったのではなかろうか。

一つはもっと遊んでいたいという気持ち。遊びそのものがつまらないわけではない。もう一つは、母親に注目していてもらいたい、母親の目を感じていたいという気持ちである。この二つが矛盾なく両立しているときはよい。しかしこの二つが両立しがたくなったとき子供は混乱してしまう。

子供は母親に依存している。したがって母親に見ていてもらいたいのに、それがかなわぬとき、子供は必死になってそれを求める。

依存心の強い子供は何かにつけて母親に要求がましくなる。母親を支配しようとする。それがかなわぬと、ときには怒りになる。依存と支配とは同じものの表と裏である。

子供に対して支配的干渉的な親は、子供の情緒の成熟にとって障害となり、いろいろな心の病の原因となる。なぜなら、親が支配的干渉的なのは、親が子供に心理的に依存しているからである。

さて、遊んでいるときに、親に去られてしまった子供に話を戻そう。そのとき子供は、まだ遊んでいたいのだが、母親が見ていてくれないところで遊んでいてもつまらないから母親のあとを追う。

子供の心は不満である。どうして自分を見ていてくれないのだと母親を責めたくもなる。結局遊びそのものがつまらないわけではないから、遊ぶのをやめて母親のあとを追っていっても少しもおもしろくはない。

こうなると、この子供にとっては、どちらを選んでも十分に満足することはない。結果としては、不本意ながらも友達とのボール蹴りをやめて、母親とともにいるほうを選ぶ。しかし不満である。子供はその不満の原因を母親に求める。

どんなに不満があっても心理的に母親に依存している以上、そうした選択をする。心にとってはたやすい選択である。

しかしこの場合、母親自身がボール蹴りをやめることを求めたわけではない。

もちろん子供に心理的に依存している母親なら、このとき子供にボール蹴りをやめて、自分と一緒に来ることを求めるであろう。

母親がすでに自律性を獲得していると仮定すれば、子供の不満の真の原因は母への依存性である。要するに子供自身が母親と離れては遊んでもおもしろくないからこんなことになるのである。すでに述べたように母親がいることで、子供は自我の確認ができる。

ここで子供にとっての内づらの関係は母親である。今、子供はおもしろくない。ふくれる。そして、そのおもしろくないことの原因は、自分が一人では遊べないからだとは考えない。そこで母親を責める。

内づらがわるくて外づらがよい人は、おもしろくない原因は自分の幼児性なのであるが、身近な人を責める。

◉誰にでもよい顔をする必要はない

大人になっても、依存性を残しているかぎり選択は同じようになされる。身近な人に甘える。甘えることで傷つきやすくなる。傷つきやすいから常に敵意を抱く。それは依存的敵意といわれるものである。

身近な人といることは不愉快なのであるが、身近な人に心理的に依存しているから、身近な人を選ぶ。自分が選びながらも相手に不満を抱くのである。

心理的に健康な人の敵意より始末がわるい。内づらがわるくて外づらがよい人は、身近な人に敵意を持ちながら身近な人から離れられない。

私の父は行動を見ればきわめて〝家庭的〟であった。夏でも冬でも家族旅行にでかけた。子供が大学生になっても家族そろってでかけた。

しかし旅行中、父は不機嫌なことが多かった。幾度も旅行していながら、父が心から愉快そうにしていた記憶は私にはまったくない。いつも不愉快そうであった。

ときどき不安定な愉快さを示したこともあるが、それはふとした家族の言動で、とたんに不快さに変わった。

それなら、父は家族と旅行などせずに、同僚と行けばよいのである。しかし、父は決して同僚とは行かなかった。おそらく一度もないのではなかろうか。同僚とは親しくなれなかった。

内づらがわるくて外づらがよい人は、外の人とは親しくなれない。外の人に気に入られようと迎合してよい顔をするが、心のふれあいはない。

不安な人は、「人に依存するか、相手を抑えるか」する。そういう子供は、協力ができない[1]。依存するから依存的敵意になる。それを直接的に表現できなくなって内づらのわるさとなる。

内づらがわるくて外づらのよい人は、人と協力ができない。そういう人の友達は、形式的な友達ではあるが、友情はない。仲間意識のない仲間にはなれる。

内づらがわるくて外づらがよい人は、外にいてよい顔をしていても、敵地にいるようなものである。自分を守るためのよい顔であり、相手への愛情からのよい顔ではない。いつも不安で緊張をしている。

よい顔をしているが落ち着きはない。誰にでもよい顔をする。よい顔をする人がころころ変わる。「この人」によい顔をするというのがない。「この人」がいない。

あの人でも、この人でも関係なくよい顔をする。

マズローの言葉を使えば欠乏動機でよい顔をしている。つまり相手を人として見ていない。そういう人は人と協力しなければならない場面で、次から次へと人を変える。仕事を変える。[2]

つまり「私はこの人が好き」がない。「私はこの人とは合わない」がない。

◉相手のこんなギャップに注意

家族に心理的に依存していた父にとって、他の人と旅行に行くことはストレスになったのであろう。選択としては、依存的敵意を持ちながらも、家族と旅行することを選ぶことのほうが心理的に楽だったにちがいない。

父はまた、よくおみやげを持ってかえってきた。しかしそれを喜ばないとものすごく不機嫌になった。子供の側からすると、そのようなおみやげは心の重荷でしかなかった。

友人の父がいつも酒を飲んでかえってくるのを何ともうらやましく感じたものだ。私の父は同僚と酒を飲むなどということは、これまた一度もなかったのである。それだけ行動が家庭的でありながら、父は家庭生活を楽しんでいるなどということはまったくなく、いつも不愉快そうにしていた。心理的に完全に家族に依存していたから、家族は嫌いであった。

行動は家庭的であったが、性格は家庭を嫌悪していた。まさに行動特性と性格特性は正反対であった。

もし父親が外の世界で戦って、心理的に満足していれば、内づらもよかったであろう。

しかし外の世界での戦いから退却したために、欲求不満が募り、内づらがわるくならざるをえない。そして外の世界に怯えているから外づらがよい人にならざるをえなかった。そこから来る欲求不満もすごかったであろう。

家での気むずかしさに、子供の私はたえず脅えていた。

私にとって家庭とは、脅威と不安の源でしかなかった。しかし父は、家を愛しているつもりでいたのである。


内づらがわるくて外づらがよい人にも何種類かあって、自分で自分がわかっている人もいる。次の人は自分で自分がわかっている。


世間では私は「よい人」、まじめな人という評価を与えられています。

皆に隠れて、ギャンブル、酒と女。サラ金に手をだし遺産相続した土地をとられる。

それでも世間では私は「よい人」、まじめな人という評価である。

私は「俺がこうなったのは、妻のためだ」といいはっていた。すべてを妻に責任転嫁していた。

「お前が、子供の前で、お金の話をして父親の威厳を傷つけたからだ、必要なときに妻がお金をださないからだ」と騒いだ。

この人は内づらがわるくて外づらがよい人だが、自分のことがわかっている。ただ自分のことがわかっても、自分で自分の言動をどうすることもできない。自分で自分をコントロールできない。

自我の未確立という点では、わかっていない人と同じである。

◉自分ひとりの足で、しっかり立てているか

私が本を書きはじめて驚いたのは、私が育ってきたのと同じような家庭が、この日本には何と多いことだろう、ということであった。

子供に心理的に依存しながら、子供をかわいがっていると錯覚している親は、信じられないほど多い。

心理的に決して家庭的ではないのに、行動が家庭的なので、「私は家庭的」と信じている父親の何と多いことかと驚くばかりである。

彼らは家庭的なのではなく、実は一人では何もできないだけなのである。なのに、

それがわからないのである。

人は、性格特性と行動特性の違いが理解できない。行動と動機の違いが理解できない。家庭的な人は、家庭の生活を楽しむ。外づらがよくて内づらのわるい人というのは、家庭的な人ではなく、家庭を離れては何をしても充実感がないので、不本意ながら家にしがみついているのである。

真に家庭的な人というのは、家庭を離れてもその場を楽しめる人である。

配偶者に、あるいは子供に心理的に依存して家にしがみついている人は、不本意ながらも家族と一緒にいるときが多い。そこで自分が家庭的だと錯覚をする。その上で不満の塊である。

そして、自分が心理的に女房子供に依存しているという事実に気づかずに、「自分はこんなに家のことを思っているのにおまえたちは」と家の人の言動に不満になる。執着を愛と錯覚して不満になる。

その不満から家ではテーブルをひっくり返すが、外では礼儀正しさの手本のような人になる。世間の人はその人の行動を見て「さすがに」という。

家が嫌いなのに家のことをするから、どうしても恩着せがましくなる。恩着せがましいとは、相手への依存をあらわしているのである。

恩着せがましい人間は、自分はAということをしないでBということをしてやったと思っている。しかし実は、Aということができないので、仕方なくBということをやったというだけなのである。

「俺は同僚と酒を飲みにいかないで、わざわざお前と食事をしてやっているんだ」と恩着せがましくいう父親は、実は心理的に同僚と酒を飲みにいけないので、不本意ながらも家族と食事をしているのである。つまりどちらにいてもつまらない。

ただ心理的には「家族」のほうに甘えて依存しているから、不愉快だけれども「家族」と食事をしているにすぎない。

こうなればどうしても内づらはわるくなる。身近な人に甘えている。その結果、身近な人への要求が大きくなり、身近な人に不満になる。

その結果すべてが「不本意ながらも」することになる。

内づらのわるい人間が気づくべきはこの事実である。

あなたの今の状態は、身近な人が「そうしろ」と要求したものではない。身近な人の要求によって彼らと一緒にいるわけでもなく、またあなたの彼らへの愛情から彼らと一緒にいるわけでもない。

あなたは、それ以外のことがうまくできないからそうしているにすぎないのだ、という事実に気づくことが必要なのである。

身近な人を離れて何かをすることができないのは、身近な人が自分を束縛しようとしているのではなくて、単純に自分が一人で何かをすることができない、というだけのことなのである。

心理的に自立できない人は、どうしても内づらがわるくなる。同じコインの表と裏でどうしても外づらがよくなる。内づらのわるい人が気づくべき事実はこれである。これが情緒の成熟への第一歩であり、意識と無意識の乖離《かいり》を統合するきっかけである。

◉今日から「心の荷物」を手放していくために

内づらのわるい人が錯覚するのにもそれなりの理由はある。

先にボール蹴りをしている子供のことを述べた。そして私は、この子の母親がもし自律性を獲得しているとすれば、自分のあとを追ってくることを子供に暗に求めることはないと書いた。

しかしもしこの母親が子供に心理的に依存しているとすればやはり、子供が自分を追うことを期待する。子供はそれを察知して、もし母親のあとを追わないとすれば、何となく良心の呵責《かしやく》を感じたりするだろう。

依存心の強い親に育てられた子供が大きくなって結婚するとどうなるか。相手は自分に何も期待していないのに、期待していると錯覚する。親の期待が結婚相手に転位される。かくて内づらのわるい人は、相手が何も期待していないのに期待されていると錯覚し、それを束縛と感じるようになる。

みずからの依存心を愛と錯覚している人の何と多いことか。子供への依存心を子供への愛と錯覚する人、親への依存心を親孝行と錯覚する人、家への依存心を家への愛と錯覚する人……。そしてこれらの錯覚が、実に多くの混乱と不幸を人間関係にもたらしている。

それらの誤解された関係は互いに自我の犠牲の上に維持される。

自分を正しく認知していない者は、他人をも正しく認知できない。

たとえば、自分の親への依存心を親孝行と錯覚する人は、自分の親そのものも正しく認知できない。心の冷たい親を心温かい親と錯覚したりする。

自分の内にある依存性が認知できない子供は、親の内づらの依存性も認知できない。

結婚して相手の幼児的依存性に苦しめられている人はたくさんいる。

しかし、相手の幼児的依存性に苦しめられている「その当の本人」も、実は依存性があったのである。もし自分が親からの心理的離乳を完了し、自律性を獲得していれば、恋愛中すでに相手の幼児的依存性を認知して別れていたはずである。

結婚前に相手の幼児的依存性を「やさしさ」と思い違いしたのは、自分の側にも同じものがあったからである。

かつてラジオでテレフォン人生相談を一緒にやっていた山谷親平さんはいつも、「結婚前の男のやさしさほどあてにならないものはない」といっていた。そのとおりである。電話を受けていれば、「結婚前にはあんなにやさしかったのに」という相談が腐るほどかかってくるからである。

実は、そうして電話をかけてくる女性自身、みずからの内に幼児的依存性を結婚前に残していたのである。しかしその自覚がない。

自分に幼児的依存心があったからこそ、相手の幼児的依存心を〝やさしさ〟と錯覚した。この事実に気づくことが、解決への第一歩である。

自分を正しく認知することはたいへんなことである。ただ、人間関係でトラブルつづきの人は、いったん立ちどまって、自分は自分を間違って認知しているのではないかと反省してみることである。

自分を正しく認知していない人は、他人も正しく認知できない。したがって人間関係のトラブルがふつうの人より多い。相手を正しく認知していれば、「結婚前にはあんなにやさしかったのに、今は……」というトラブルはなかったはずである。

会社の人間関係だって、近所のつきあいだって同じことである。

「外づらがよくて内づらがわるい人」は外では甘えていないが、内では甘えている。だから外では傷ついていないが、内ではすぐに傷つく。

そこで、内では傷つき、怒り、恨み、騒ぐ。外ではそもそも意識的には甘えていないからそんなに傷つかない。そこで恨みも、騒ぎもしない。表面的にはまともなふつうの人なのである。

もちろん無意識の領域ではいよいよ自己喪失して自我は崩壊していく。甘えていないが、いよいよ自分が自分でなくなっていく。

よく離婚相談で「夫は結婚したとたんに人が変わった」という話を聞く。それはその男性が結婚したとたんに相手の女性に甘えだしたからである。

だから今まで傷つかなかった相手のひと言ひと言に傷つくようになった。相手の何気ない態度に傷つくようになった。甘えていないときには傷つかなかったのに、甘えだしたとたん、相手の態度に傷つくようになった。

そこで今までは何でもなかった相手の態度に急に不愉快になるようになり、わめき散らすようになったのである。

相手にしてみれば、今までとまったく違った夫の反応にとまどうのはあたり前であろう。弱い人は、自分を見捨てない人に責任転嫁をする。自分を見捨てる可能性のある人にはいい顔をする。

内づらがわるくて外づらがよい人は、自分のことを真剣に考えてくれている人に酷い態度にでて、ずるい人にいい顔をする。そして自分のことを思ってくれている人を恨みだす。身近でない人に対象無差別にいい顔をすることで不必要な負担を背負う。軽い荷物だけれども持ちにくい荷物というものがある。心理的な荷物の場合も同じである。そういう荷物を背負いこむ。

◉「他人の期待」に、いつも応えなくていい

家の外で、家の者以外の人と何かをしようとする。そうすると依存心の強い人は、家の者はそれを望んでいないのではないかと感じてしまう。しかし実は、そうすることを望んでいないのは家の者ではなくて他ならぬ自分自身なのである。

以前、新聞の人生相談で、夫が日曜日にゴルフに行くのを「結局は家族のためだ」といっているというものがあった。

この夫は、同僚とゴルフに行くことに何か罪悪感を持っているのである。この人の

中でゴルフに行きたい気持ちとそれを引きとめる気持ちが葛藤している。

第一の誤解は、奥さんをはじめ家の者が、自分がゴルフに行くことを望んでいないように感じていることである。望んでいないのは他ならぬ自分なのだ、ということがこの人にはわかっていない。

なぜ一方で望みつつ他方で望んでいないか。それは家への依存心があるからである。ゴルフには行きたい、しかし家への依存心がその気持ちの表現を妨害している。したがってどちらに決めても不満が残る。ゴルフに行くのをやめて家にいても、束縛されたような気持ちになって不愉快である。かといってゴルフにでかけようとすると、今度は家への依存心が満足されない。

青年期の子供は家族と一緒に旅行に行きたいが、同時に一緒に行くのは嫌なのである。自立と依存心の葛藤である。

働き盛りの壮年になっても、この青年期の心の葛藤を解消できていない人が多い。不満の原因は他人の言動にあるのではなく自分の両価性にある。自分が両価的になるのは自分の年齢にふさわしくないほどの深い依存性があるからである。

さて、この夫がゴルフに出かけるときの罪悪感について考えてみよう。

罪悪感は、他人が自分に期待しているであろうと思う感情と、自分が実際に経験している感情とは違うときにでてくる。彼のゴルフに行きたくないという気持ちも本当であるし、行きたいという気持ちも本当なのだろう。

行きたいという気持ちがあることで罪責感がでてきてしまっているのである。そこで、その罪責感から逃れるために「結局はみんなおまえたちのためだ」という言い訳をしているのである。

彼の罪責感は錯覚からでている。彼が実際に経験している「ゴルフに行きたい」という感情は、身近な人から期待されている感情と少しも違わない。

彼が勝手に、身近な人は自分の経験している感情と違った感情を期待していると思いこんでいるだけである。

そして彼は、身近な人に認められるためには、このような感情を持たなければいけないとさえ思いこんでいる。

これらはすべて誤解にもとづく一人相撲である。

この夫の育った環境がそのような感情を持つことをこの夫に期待していたのだろう。

彼は大人になって、もはやそのようなことを周囲が期待しなくなっているのに、いまだに同じような反応をくり返しているのである。

心理学者であるポール・ワズラウィックという人が書いた『あなたは誤解されている』（小林薫訳・光文社刊）に、神経症になった馬の話が出ている。

ベルを鳴らすたびに、床に設置してある金属板から馬の足に電気が伝わるようになっている。馬はベルの音がするとすぐ、蹄《ひづめ》を床から離すようになる。

問題はこれからなのである。ひとたび条件反射として蹄を離すことが定着すると、電気回路を切ったあとでも、馬はベルが鳴るたびに蹄を上げる。

馬は電気が来ないのに蹄を上げ、自分の行為をますます確信し、電気が来ないことに最後まで気がつかない。おそらく人間もこれと同じことをしているのではないか。

大人になって接する人間が、幼いころとは変わり、周囲の人の自分への期待が変わった。それなのに人は最後まで幼いころと同じ期待をかけられていると思って罪責感を持つのではなかろうか。

◉「それは私の責任ではありません」

偽りの罪責感を持つ者は、本当の罪には鈍感であるという。それは他人の自分に対する期待にばかり気をとられていて、人間としてどう行動するのがよいかということにまで気が回らないからであろう。

私自身、偽りの罪悪感に苦しめられて青春時代を過ごした。父と母が喧嘩をして家がゴタゴタするたびに、私はそれを自分の責任として感じた。私はなんとか家の中がうまくいくようにと、冬の日でも朝は人より早く起きた。そして前日の火鉢の掃除をし、朝の準備をした。

ところが、私があまりによい子であるから、兄が私を叱ったことがある。「お前が朝早くからそんなことをするから、俺たちはおふくろに怒られるんじゃないか」と。

子供は、自分ではどうすることもできない事柄、自分の能力の範囲をはるかに超えた事柄に責任を感じさせられることで病んでいく。

ある女性の統合失調症患者の例をとろう。父と母はいつもゴタゴタしていた。父が仕事で遅く帰ってきても母は起きてこない。そこでその末の女の子は、何とか自分の力で家に平和をもたらそうと、父に食事をつくる。

本来は母の責任なのであるが、それを自分の責任と感じるようになる。家族の他の者は知らん顔をしている。けれど、その子の努力で家が平和になるわけではない。かくてその子が統合失調症に追いこまれていく。他の同胞も母も統合失調症にはならない。

牧原浩の「分裂病の家族の臨床的・実証的研究」(『講座家族精神医学2』所収・弘文堂刊)に、次のようなみごとな指摘がある。

「……家族が原因で患者がその結果であるといった単純な考え方ではなく、むしろ病気なのは家族という集団であって、患者と目される人間はそのあらわれ、ないし症状である……」

心の病んだ人間はたしかに結果ではあるのだが、家族の構成や機能が病んでいるのである。病んでいることをあらわしているのが患者の存在である。

しかし、他の同胞たちはその家の病んだ機能の中で違った役割をはたし、深く巻きこまれない。つまり統合失調症にならない。その患者を犠牲にするかたちで、その病んだ関係は維持される。

私は、この考え方は統合失調症ばかりではなく、うつ病にも適用できると思っている。

いずれにしても偽りの罪責感に苦しんでいる者は、自分の育った家族の病理を正直に見つめる作業をしなければならない。

なぜ自分は、自分ではどうすることもできないような家の中のゴタゴタに、小さいころから責任を感じるようになってしまったのか。

たとえば、「この子さえいなければ離婚するのに……」などといわれて、親の不幸と自分の存在を結びつけてしまったということはないだろうか。かくて、自分には責任のない他人の不幸に責任を感じるようになってしまった人は少なくない。

なぜ他の同胞は病まないのに自分だけが病んでしまったか。それは自分だけがことさら我執の強い親に深くコミットしてしまったからである。

情緒的に未成熟な親の最大の被害者に、なぜ自分が選ばれてしまったか。それらを一つひとつ熟慮していくことが、心理的に健康な人になるためには必要である。

家がゴタゴタしたからといって皆が同じように罪責感を持つわけではない。心理的に病んでいないある女性の話をしよう。

彼女の家は小さいころからゴタゴタしていた。あるとき母は、彼女に父とのゴタゴタを相談した。そのとき彼女は「お母さん、そんなこと私に相談されたって、私には荷が重すぎるわ」といったという。それ以後、母は父のことについて彼女に相談しなくなった。

もちろん罪責感に苦しんでいる人間は、とてもそんなことをいえる環境にはない。幼児のころからゆがんだ環境の中にいたからだ。ただ私が、こういったゆがんだ環境で育ってきた人にいいたいのは、自分にはどうすることもできない事柄には責任を感じる必要はないのだということである。

◉「認めてもらいたい」——この思いがあなたを苦しめる

ところでこのような罪責感に苦しむ人は、身近な人に常に認めてもらいたいという欲求が人並み以上に強い。一人で何かをし、一人である感情を味わい、それで満足するということができない。つまり自分自身で自我の確認ができない。

そして、そのような自分をたえず認めてもらいたいと願っている。

心理的に独り立ちできていないのである。まともな自我の形成がなされていない。したがってそのような罪責感を持ち、かつ、内づらのわるい人は、今まで自分の育った環境が自我の形成に障害になっていたということを認識し、違った環境、つまり自我の形成によい環境を選ぶことに専心するのが何よりであろう。

自我の形成によい環境とは、何よりも情緒的に成熟した人々のいるところである。立派な家も、高い社会的地位も必要ない。

あなたの成功によって自分の地位を上げようとしているような人のいないところ、成功へのストレスのないところ、あなたが感じるように感じることが許されるところ、そして何よりも、誰かに忠誠を誓う必要のないところである。

このような罪責感をとり扱っている本はいくつかあるだろうが、私の知るかぎりでは、この忠誠の問題に触れているものはない。

私から見ると、このような罪責感を覚えるような人間が育った環境には、誰か忠誠を誓う必要のある人がいたのではないかという気がする。

なぜなら、たとえばこの罪責感に関して、単に目上の人の期待する感情と自分の実際経験している感情が違うという説明だけでは、どうも十分ではないような気がするからだ。単に目上の人というだけではなく、自分が忠誠を誓っている目上の人でなくては、この種の罪責感は生まれてこないであろう。

そのような人は育った環境の中で忠誠を誓わされたのである。

一般的なうつ病には、罪責感が症状としてでる。が、うつ病者を生みだす家庭の特徴というと、第一に社会的体面を重んじる云々《うんぬん》があって、次に家の中に主権的人物がいてその人を中心にして服従依存の関係が成立しているといったようなことがよくある。

この服従依存とか盲従関係というのが問題なのである。ただここで盲従とか服従とか両者の関係について述べていると、うつ病になった人間の心のありさまに注意が行かない。

私は、うつ病者を生みだす家庭の特徴に、この忠誠ということを考慮に入れるとよく理解できるような気がする。うつ病になった人間から見れば、服従ということは忠誠ということであった。

とにかく罪責感に苦しめられている人は、ある人物に忠誠を誓わされたのではないだろうか。そしてその忠誠を誓った人物の期待に添えないとき、罪責感がでてくる。だとすれば、新しく求める環境の中では忠誠を誓う必要を感じる主権的人物がいてはならないのである。

◉それは「条件つきの愛情」だ

「忠誠を誓う」という概念は、心の病を考えるとき、大切なものである。

過保護の問題なども、この忠誠という概念を入れて考えると実感がよくわかる。たとえば過保護というと、偽装された憎しみであるとか、保護と拒否が同時に存在するとかいろいろいわれる。私もそのとおりであろうと思う。

では、保護と拒否がなぜ同時に存在できるのかを考えてみよう。

英語で書かれたストレスについての本を読んでいたときであろうと思うが、次のような文があった。

「as far as they are in control（子供たちが自分の支配に服するかぎり）」

つまり過保護の場合、親が子供をかわいがるのは、「子供が自分の支配に服するかぎり」においてなのである。これを子供の側からいうとどうなるか。「自分が親に忠誠をつくすかぎり」保護を得られるということになる。

親にとって自分が都合のよい存在であり、自分が忠誠をつくしているかぎり、親は自分をかわいがってくれるというわけである。

親の側からすれば、忠誠を誓われることで、自分の委縮している自我の拡大を感じることができる。子供の忠誠によって無力感を一時的に癒やすことができる。傷ついた自尊の感情を一時的に癒やすことができる。

親の依存性が深刻であればあるほど、子供の忠誠心は心地よいものとなる。だから依存性が深刻であればあるほど忠誠心を強く要求してくる。

ここでは、依存と忠誠が愛と錯覚される。依存と忠誠の念が深ければ深いほど、愛は深いものと錯覚される。依存と忠誠の念が深いとは、いずれにせよお互いの求めあう感情の激しさをあらわす。

そしてその感情の激しさが愛の深さと錯覚されるのである。相補性というのはこのことである。互いに独り立ちできずに依存を深くし、その感情の強さが両者を愛の錯覚へと導く。

ところが、ここで子供が何らかのきっかけによって「自分」に気づき、自己実現に向かいだしたとする。たとえば、恋愛をしたとか、大自然とか芸術とか思想とかとの出会いによって思いもかけぬ大きな感動を得たとか、とにかくそのような契機をつかんで自分らしさに目覚めたとする。

親は、はじめは、なだめたりすかしたりして子供の自己実現を妨害する。人生はそんな甘いものじゃない、おまえはだまされている、まだ本当のことがわかっていない、おまえは疲れているんだ、休んだほうがよい……など、何だかんだといって子供の自己実現を妨害する。

このとき依存心の強い親は、そういうことを本気で、必死になっていう。このような親は、子供をだますことより自分をだます必要のある人間である。

もちろん本気とはいっても、心の底の底では自分はウソをついているとは感じている。ただ、意識の上では何としてもそれを認めまいとする。「おまえは変わった」というとき、子供が本当にわるい方向へ行っていると、親は思っていたりするのだ。

◉こういう「よい子」が大人になると

悳智彦《いさお》は「精神病院における実際問題」（『講座家族精神医学2』所収・弘文堂刊）という論文で、次のように述べている。

「……無為自閉症でまったく自己主張することのなかった患者が、治療過程の中で、積極的になり、活発になったのはよいが、家族に対して自己主張したり、ときには反抗的となり、活発に言動するようになる。家族は自分たちの期待に反してこのようになった治療や、治療者に不信や不満を募らせ、恨んだりして、これ以上『わるく』ならないようにと、患者を退院させていく場合もある」

つまり、子供が心理的に健康になることは、依存心の強い親にとってきわめて不快なことである。

依存心が強く自尊の感情が傷ついているとき、自分に忠誠を誓ってくれる子供は、親にとってかけがえのない存在である。

このように情緒未成熟の親にとっては子供が心理的に病んでいることが必要なのである。自己主張せず、自分の頭で考えず、自分なりの考え方を持たず、ひたすら服従する子供は、傷ついた親の自我の拡大感に役立つ。

それが何かのきっかけで子供が自分らしく生きようとしたらどうなるか。我執の強い親から見ると、子供は〝わるく〟なったと映るのである。

我執の強い親にとって必要なのは、自己喪失した子供である。我執の強い親から見ると、自己喪失した子が「よい子」であり「立派な子」なのである。

心的内容が貧困な子がよい子なのである。視野が狭く偏った子が立派な子なのである。心のゆがんだ子供こそ、我執の強い親にとって満足のいく子である。

ところがこの「よい子」が何らかの体験でもって自分の心の貧困に気づいたりする。それは我執の強い親にとっては魔がさしたと映るであろう。

さて、先ほどの過保護と拒否は同時に存在するというところに戻ろう。

今までの説明で過保護が同時に拒否であるということがわかるであろう。過保護はその子のありのままの「自己」を激しく拒否しているのである。

その子が自己喪失して忠誠を誓い従順であるかぎりにおいて親は子供を保護し、受けいれるということである。我執の強い親に忠誠を誓うことはイコール自己喪失である。そして自己喪失した子に親は満足する。

外から見ると平和で立派な家庭である。ときには理想的にさえ見える。しかし保護、忠誠、満足、自己喪失の家庭は病んでいる。その集団としての家庭の病気は、やがてある特定の子供を通して表面化してくる。肉体が病むと熱がでるようなものである。心がおかしくなった子供は、病んだ家庭の症状なのである。

過保護は拒否が本質であるという主張も、子供の本質的な部分を親が拒否していると考えればよく理解できる。

子供は、自分の本質を拒否している人間に対して忠誠を誓う。そして病んでいく。

そしてこの子供が大人になって結婚をしたら、どうなるか。

間違いなく内づらがわるくて外づらがよい人になるであろう。自己喪失したままで結婚をしたら、身近な人である配偶者に依存をし、依存的敵意を持つ。

同時に外では迎合することで不安から自分を守るしかない。

◉つきあう人の選び方

依存心というのは何度書いても書きたりないほど重要な問題である。

依存心が強いかぎり、人間はどんな環境を与えられても幸せになることができない。幼児のころは別として、自立への願望が出はじめると、この依存心は人間の幸せに対して破壊的な力をふるいだす。

こうなるとまず、どうしようもなくその人の感情は両価的になってしまう。

親に対する依存であれ、配偶者に対する依存であれ同じことである。これは一般に「内づら」といわれている集団内での感情の動きである。

日本の男性は内づらがわるいとよくいわれる。たしかにそのようである。現在私は、ラジオでテレフォン人生相談をやっている。

放送が午前十一時からなので、電話をかけてくる主婦が多い。

実にいろいろな相談事がある。とりわけ電話の本数が多いのは、ご主人の内づらのわるさに悲鳴をあげているものである。あっちの家庭でもこっちの家庭でもご主人の内づらのわるさに苦しんでいるような気さえしてくるほどである。

いずれにしろ私たちの人間関係には外づらと内づらの両方がある。内づらのわるい人にとって内の世界とは不愉快な世界なのである。

内づらのわるい人はその集団に接すると、それだけで気持ちが不愉快になる。理由もなく不機嫌になる。気持ちが行き場を失ってよどんでしまう。敵意というような明快な感情ではない。方向性を失った厚ぼったい感情である。

先にも述べたとおり、私の父は内づらのわるい人であった。それにもかかわらずいつも家の者と一緒にいた。ここが内づらのわるさを理解するときのポイントである。

内づらの関係は本人にとっては不愉快なものである。不愉快なものはないほうがよい。内づらがわるくて外づらがよい人は、内づらを出す集団に属さなければよいのである。ところがそれができない。

外づらがよいのだから、そのような関係では本人は機嫌がよい。外の人と接しているほうが気分が爽快なのである。それなら内づらの関係などなくせばよいではないか、ということになる。何も好きこのんで短い人生を不愉快に過ごすことはない。ところが実際、内づらのわるい人というのは、内づらを見せる人との関係なしには生きられないのである。それが依存心である。つまり接すると不愉快になる人を必要としているのである。

いいかえれば、自分が必要としている人と接すると不愉快になる、ということである。内づらのわるい人は、外の人と接しているほうが気分がすっきりする。そのくせその人が心理的に頼っているのは、外づらを見せる人ではなく、内づらを見せる人なのである。

その人は生きていく上で誰かを頼りにしなければならない。誰にも頼らずに生きていくことはできない。その依存の対象は先にもいったとおりいろいろである。ある人は親に、ある人は配偶者に、ある人は自分の子供に、ある人は兄弟に、またある人は友人や恋人に深く依存している。

内づらとはまさに自分が依存している人に見せる面なのである。

つまりその人なしには生きていけないのに、その人と接すると不愉快になる、ということである。不機嫌の引き金になるのはきわめて身近な人の言動である、というのはそのためである。

不機嫌になった人は、その自分の不機嫌な気持ちの引き金となった身近な人に心理的に依存しているのである。

◉結婚すると豹変《ひょうへん》する人

ある女性の嘆きである。

ご主人は結婚前、ずいぶん機嫌のよい人で、いつもやさしく明るかったという。ところが新婚旅行から態度がまったく変わってしまった。新婚旅行に出発したとたん口をきかなくなり、ついに旅行中必要なこと以外、ひと言も口を開かなかったという。

二人が旅行をつづけるために必要最小限の言葉がやっと重苦しくでてくるだけであ

った。文にはなっていない、単語がぽつりといかにも不愛想にいわれるだけとなったという。彼女は旅行が終わって生活がはじまればもとに戻るだろうと思っていたが、ついに戻らなかった。そこで相談にきたのである。

　このように突然変わるという例は、それほど多くはないが、結婚して二カ月や半年して変わるという例は多い。世の中では新婚生活というバラ色のイメージでとらえるこの期間も、そうでない例が多いようである。

　いったい彼の心に何が起こったか。おそらく、彼の依存の対象が結婚を境に変化したのだろう。あるいは依存の対象がふえたといってもいいかもしれない。

　実をいえば、彼は結婚前までその女性に心理的に頼ってはいなかった。彼にとってなくてはならない存在は、その女性ではなくて他の人だった。たとえば親だったのである。しかし彼にとって、おそらく何かのきっかけ、この場合なら結婚によって、その女性もまた依存の対象となったのである。

　自分が内づらをあらわすようになった人々は、自分の無意識の部分を刺激する。自分が内づらを見せる人々というのは、自分が抑圧した敵意や、自分への無力感や劣等感、嫉妬や幼児的願望、貪欲やさまざまのタブー、これらを刺激するのである。

内づらを見せるような人ではない人、外づらでつきあう人といるときには自分の内づらの心理はうまく統制できている。しかし身近な人と接すると、この統制が、それ以外のときのようにうまくできなくなってしまうのであろう。

身近な人は、その人が感づきたくないものを感づかせてしまう。不愉快になり不機嫌になるのは、実はその恐れているものに感づきそうになって狼狽《ろうばい》してしまうからではなかろうか。

そうした点では、外づらがよいとはいってもそれは自我の犠牲において機嫌がよいというにすぎない。ただそれでも、自分の内づらが統制できているという点においては、本人にとっては気分がよいということになる。

ある関係の中でくつろいでしまうと、その統制が乱れてしまう。内戦がはじまってしまうようなものである。内づらのわるい人は、自分の内づらに隠されている敵意や嫉妬や自己蔑視などと正面から向きあう勇気がない。

そして身近な人を無意識のうちに支配しようとする。しかし身近な人はどうしても自分の内づらの虚無を自分に気づかせてしまう。しかし気づかないふりをする。必死になってそれを認めまいとする。それが不機嫌な人間の身を固くした沈黙なのである。そして自分に自分の内づらの心理を気づかせた人を恨む。

身近な人は気づかせようと意図したわけではない。その人が勝手に気づいたのである。それにもかかわらず相手を非難する。自分が不愉快になったのは相手の言動が原因であるとその人は信じる。

不機嫌とは、気づいてしまった自分の内づらを再び統制しようとする努力のあらわれに他ならない。

内づらがわるくて外づらがよい人は、自我の犠牲を払ってはいるが、とにかく外づらでは自分の統制はできている。そのような人は、自分の内づらは二つに分化している。自我の統一はなされていない。

つまり、どんなに外づらはよくても、無意識の領域ではやはりトラブルを抱えている。

◉「思いどおりにいかない」ときは

成熟とは何よりも依存心の消化である。依存心を持っていると、とかく腹の立つことが多い。自分が心理的に依存している対象が、自分の思うように、つまり自分を保護してくれるように動かないと不満になる。

さらにはすべてが自分の思うようにならないと不満になり、その不満をすべて依存の対象にぶつける。

努力もせずに成功したいと願う。我慢することができないくせに望みは大きい。それらは実現するはずもないのに、実現しないと依存の対象を責める。

家庭内暴力などもこれであろう。勉強もしないくせに試験の成績がわるいと不愉快になって母親にあたる。こういった他罰傾向は依存心のあらわれである。

生きていく上でうまくいかないことというのはあまりにも多い。しかし、情緒的に成熟した人はそれなりに解決していく。しかし情緒的に成熟していない人はその解決ができずに、その不満を心理的に依存している人にぶつける。

思うように出世ができない。誰がわるいのでもない。自分が能力不足ということもあろう。経済が不況だということもあろう。会社の人事が間違っていることもあろう。ところが望む出世ができないと、「お前のせいだ」と妻を責める人間がいる。

「同僚たちは家に帰って安心できる。それで明日のエネルギーがわく。それなのに俺は家で安心できない、イライラする。……おまえのせいで出世ができない」

こういった類《たぐい》の人間は自分の情緒未成熟を認められない。きわめて一方的で自己中心的な考え方しかできない。不況の時代ならそれは妻のせいではない。会社の人事がおかしいなら会社に間違いがある。

しかしこのように考えても出世できない不満は解消しない。おもしろくない。おもしろくないときに誰がもっとも責めやすいか。そのもっとも責めやすい人を責める。

依存心の強い者はどうしても内づらがわるくなる。「俺が出世できないのはお前が働いて、家事子育てをきちんとしていないからだ。家でくつろげないからだ。うちの会社でお前のようにできのわるい妻などいない」と、出世できない責任を配偶者に転嫁する。

そして、そんなに不満なら別れればいいのだがそれができない。これこそ情緒未成熟の特徴である。

内側の者に対して他罰傾向があるのに、その責めている人間と離れることができずに内づらがわるくなる。

勉強もしないで有名高校に入ろうとする。その高校に行けないといって親を責める。しかし親なしには心理的に生きてはいけない。親を責めながらも親が心の支えであることには変わりない。親に対する両価性が内づらのわるさである。

他人が自分のためにつくすのは当然と思っているが、自分は他人のために何かしようとは思わない。そんな自己中心的人間でありながら、いや、そうだからこそ、いつも不満なのである。

会社でも同僚や上司は自分に特別、目をかけてくれるものと勝手に決めこんでいる。そして、上司に目をかけてもらいながらも不満になる。他の同僚よりことさら自分にだけ何か特別なことをしてくれないと気がすまないのである。

したがって上司に頼りながらも、上司に対して常に不満である。ただ、上司には外づらを見せて不満は内の者に向ける。家に帰って暴れる。

親に頼りながら、親に不満な中学生がある。親が自分の身のまわりの世話をしてくれないと不満になる。しかし身のまわりの世話をされると「うるさい」と感じる。「放っておいてくれ」と思いつつ、放っておかれると腹が立つ。進むこともできず退くこともできないで、心の中はパニックに陥ってしまう。

何をするにも他人とは一緒にやりたくない。自分ひとりでやりたい。しかしいざとなると自分ひとりでは何もできない。自分ひとりで何もできないで他人の助けを求める。助けてくれないとおもしろくない。それでいて他人が助けようとすると不愉快になる。

何かしてもらわなければ何もできないくせに、してもらうと不快でたまらない。未成熟のさまざまな現象とは回避不可能な心理的課題を避けて、生きてきてしまったツケである。

恋人や奥さんや母親に何やかやと因縁をつけ、責めさいなむ。それらの人なしには生きていけないものを嫌悪するのが情緒未成熟の特徴である。

最近の大学生を知らない人には信じられないような話だが、彼らの中には、母親がいないと試験を受けられないという人がいる。地方から出てきている子などはたいへんである。

しかし、それでは完全に母親ベッタリかというとそうではない。母を責めたりする。試験をうまく受けられないのは自分がわるいのだが、母親にあたって殴ったりする。そのくせ母親が地方に帰れば不安で大学にも行けなくなる。

愛憎ともに渦巻く彼らの心の中は、パニックに陥ってしまう。

「あなたのためを思って」のずるい感情

内づらがわるくて外づらがよい人が、内の世界で次のようなことをすることが多い。

私はずるい人間を責めるつもりはない。しかし、ずるいくせにそのずるさを隠して、いかにも公明正大のような顔をする人は許せない。ずるさを自分にも他人にも隠している人が私は嫌いである。

他人にだけ自分のずるさを隠している卑怯者はまだ許せる。どうにも我慢できないのが、自分に対して自分のずるさを隠している者である。

ひねくれている人間はそれでいい。しかしひねくれていながら、自分で自分に素直だといいきかせて、そのつもりになっている人間がいる。そういう人だけはどうしても好きになれない。

他人本位の名のもとに自己本位の感情を押しつけてくる人間がある。彼らは、その押しつける相手と一体化しようとしている。

ここではっきりしておかなければならないのは、一体化されそうになっている人と第三者とでは、その感じ方が全然違うということである。

たとえば心の底から嫌いな人がいるとしよう。その人が自分に一体化しようとして感情を押しつけてくるとする。

嫌いな人とは離れていたい。しかし感情を押しつけてくる人というのは、私たちのそんな感情などおかまいなしにかかわりあってくる。「君のためにこんなことをしてあげる」というように接してくる。親切という名のもとにかかわりあってくる。

その人の車に乗って帰るくらいなら、ずぶぬれになっても雨の中を一人で歩いて帰りたいと思うのに、しつこくつきまとう。

しかし〝しつこく〟つきまとうと感じるのはつきまとわれている人間で、第三者から見れば彼は親切な人と感じるのかもしれない。

自己執着的対人配慮である。内づらがわるくて外づらがよい人は、ときに自分が一人で勝手に「これが『内』」と決めることがある。

相手のところにつかつかと行って握手を求める。ところがその相手はその人にからみつかれて消耗し、その人を骨の髄《ずい》まで嫌いである。こんなとき握手を求めるという行為の真の意味は第三者にはわからない。

うつ病者が自殺するとき、「慈悲心」から妻子を道連れにする。実はこの「慈悲心」こそどうすることもできない押しつけがましさなのである。現実に殺すところまでくれば、第三者にもその押しつけがましさがわかるかもしれないが、そうでないときは単に妻子を愛していると周囲に映りかねない。

自分勝手な感情の押しつけを愛と信じている人は多い。そして相手がその押しつけに息苦しくなって窒息しそうになり逃げだしていくとする。すると、追いかけていってさらに強く抱きしめようとする。

自分の世界に相手をとり込もうとするしつこさは、背筋の寒さを覚えるほどである。

◉立派に見えるのに、実は身勝手な人

フロム・ライヒマン（精神療法家）がうつ病について強要性と搾取性《さくしゅ》ということをいっているが、まさにそのとおりであろう。

自分の世界に相手をとり込もうとするということは、別の言葉でいえば強要性ということである。そのような人は相手の世界というものを認めることができない。

このような親は子供が自分の世界を持つことを許さない。子供が結婚してからも、あくまでも親と子という世界で共生的関係を結ぼうとする。

相手に対して何かをするときはすべて、相手の人格を認めない共生的関係をとり結ぶことが真の狙いなのである。

子供が結婚して新しい生活をはじめても、子供にまとわりつき、親と子という世界に子供をとりこもうとする。子供は人格を否定され、情緒的に成長することを妨害される。まとわりつかれて子供が悲鳴をあげたとしよう。

しかし第三者から見ると、ご立派な両親、よく息子夫婦の面倒を見る親というふうに映りかねない。が、これでは子供はいつまでたっても情緒的に成熟できず、他人と協力していけるような人間には成長できない。他人と協力して生活をつくりあげていくということには情緒の成熟が不可欠なのである。

子供を自分の世界にとりこみ、子供が決して大人にならないようにし、自分の身勝手な感情を一方的に押しつける親を考えてみよう。子供は情緒的に未成熟なまま結婚適齢期を迎える。結婚するが、協力して生活を築きあげることはできない。そこには離婚の悲劇が待っている。

それは、どこまでも親にとりつかれ、親の幼稚な感情を押しつけられた子供の悲劇である。悲劇がここで終わるならよいが、このような親は最後まで子供にからみついていく。

強要性と搾取性、恐ろしい言葉である。上役の中にも、部下を自分の身勝手な世界にとりこもうとする人はいる。彼らは、母親らしさの背後に、子供を自分の支配下に置こうとする意志を隠している親たちと同じである。

親のもつ強要性と搾取性のもとに、いかに多くの子供が地獄の苦しみを味わわされていることだろう。親は子供に自分が期待する感情を持つことを要求する。もし子供がそういった感情を持たなければ、凶暴になる。

その凶暴さが親の内づらである。しかし凶暴さの現場を見ていない第三者から見ると「なんて立派な親」ということになる。

そういう親は感謝の念をたえず要求することはもちろん、あらゆることについて要求がましくなる。そのように要求がましい親は、子供に対してはきわめて厚かましい。親の内づらである。

しかし、外の世界に対しては身を低くして他者の意に従おうとする。それが親の外づらである。第三者が誤解するのはこのためである。外の世界で身を低くして他者の意に従おうとする人が、内の世界においては自分本位の身勝手な世界を他者に押しつける。その厚かましさは、まさに外の世界での姿勢の裏返しなのである。

内の世界にあって、相互性を無視して一方的に身勝手な世界を押しつける者は、外の世界においても相互性を持ちえないのだろう。

だから、対人的に敏感な反応をして他者の意に迎合していくのである。ニコニコと他者にとりいる笑顔を外で見せながら、内の世界では鬼のような凶暴性を発揮する。

外で「やさしくて本当にいい方」といわれる人が、内の世界で凶暴になって物を投げつけたり「お前なんか死んじまえ、早く死ね」などと怒鳴る。

内づらと外づらはあらわれているものはまったく違うが、その心の底にあるのは同じ不安である。ひどい内づらの動機と、よい外づらの動機は同じ不安である。

「イライラ」が家での狼の心理状態で、「増大する従順」が外での心理状態である。

内と外ではあらわれていることはまったく正反対だが、その隠された真の動機は同じである。つまり劣等感である。

もっと正確にいえば、理想の自我像と「現実の自分」との乖離である。

家で狼になるのは、心の葛藤を狼になることで解決しようとしているのである。そして同時に外での子羊も、子羊になることで心の葛藤を解決しようとしているのである。

狼と子羊は症状としては反対であるが、本質は心の葛藤という同じ心理である。

「家で狼、外で子羊」はどちらも受け身の姿勢である。

いってみれば、両方とも「助けて」と叫んでいるようなものである。

◉「内と外のズレ」は、こんな瞬間にあらわれる

フロム・ライヒマンがうつ病者について他人への強要性と自責ということをいっているが、その指摘は実にみごとだと思う。

ある他人に対して厚かましく要求がましい人が、それ以外の人に対しては自責の人となってあらわれることがあることを忘れてはなるまい。

世間の人は「自責の人」を見て「人のよい人」と思うかもしれない。しかしその人こそ、実は身近な人に対しては相手の世界を決して許さない人なのである。

要求がましくて厚かましく、その上押しつけがましい人が、他の場所では、他人によく思われようとビクビクしていることがある。

ある場所では気がひけて、気がひけてどうしようもない人が、他の場所では一切の相手の感情や考えを許さない暴君に変わってしまう。

一方で他人の思惑や期待に脅えている人が、他方で押しつけがましく厚かましいと

いうことは、よく考えればあたり前のことなのである。

なぜなら彼らは自我の未形成、自他の関係が未分化であるからである。幼児のように自他の関係が未分化なのである。ただ、幼児と違って肉体的に大人になってしまったから始末がわるくなっているだけである。

自他の世界が、心理的に健康な大人のようには分化していない段階で、人によく思われたいと願った場合、どうなるか。

人によく思われたいという心性が、外の世界では迎合となってあらわれ、内の世界では幼児性となってあらわれることになる。

自他の関係が未分化であるということは、相手が自分と一体であるということである。だから自分がこうしたいと思ったら、相手は何が何でも同じように望まなければならない。相手は自分が望むことはどんなことでも喜ばなければならない。他人が自分を嫌うということは許さない。

しかしこれも小さな子供を見ればわかるであろう。母親に対して「ああしろ、こうしろ」といい、ちょっとでも母親が自分のわがままどおりに動いてくれなければ母親をぶつくせに、家の外の人に対しては、その思惑や期待でコチコチに緊張する。

さて、この心性のまま大人になったらどうなるだろう。一方でよく思われたいと世間体をとりつくろいながら、他方で内の世界の相手の感情を一〇〇パーセント無視して行動する。

それは、相手がたとえ自分を嫌いであってもそのことを無視できるし、そんな感情を許さないで強引に相手に触れるということである。

人によく思われたいとビクビクしているくせに、妻に対してはまったく逆の態度にでる夫がいる。外では身を低くして他人の意に迎合している夫は、自分の妻には平気で暴力をふるう。他の女性に対してはよく思われようとして卑屈にさえなるのに、妻に対しては嫌われようが何をしようが平気である。平手打ちをしてでもいうことを聞かせる。平手打ちできない夫は不機嫌に黙り込んで自閉的な世界に引きこもる。

なんと多くの人が、外づらのよさに惑わされてその人の本性を見損なっていることだろうか。

親子関係にも夫婦関係にも悲劇の人はいる。世間の人がまったく逆に考えているケースのなんと多いことだろう。

◉「親切の押し売り」と「一体化願望」

「汝《なんじ》の欲せざること人に施すことなかれ」という言葉や、「自分のごとく他人を愛せ」などという言葉は、やはりある程度の情緒の成熟を前提にしてはじめていえることではないだろうか。

私は、つきあいの前提は「他人が望んでいないことはしてはならない」ということだと思っている。それがどんなに自分の側から考えて愛情に満ちた行動であっても、その対象となる人がしてほしくないということは、やはりしないほうが正しいのではないだろうか。

すでに述べてきたが、うつ病者が自殺しようとするときに妻子を道連れにするのは、当の本人がどんなに慈悲心からと思っても、それはおかしい。相手が会いたくない、してほしくないというときは、自分がどんなに会うこと、してあげることが愛情だと思ったとしても、会ってはならないし、してあげてはならないのではないだろうか。

愛情の押し売り、親切の押し売り、思いやりの押し売り、それは一体化願望を持つ人がよくやることである。

二十歳を過ぎたら、相手の意志を無視してはならないということが、つきあう上での大原則である。もちろん、こうしてあげたいということをしてあげたほうがその人のためになるのかもしれないし、実際そんな場合もあろう。

しかし相手がそれを望まず、そのために結果としてわるくなったとしても、それはまさしくその人の責任なのである。結果のよしあしは当の本人が責任を負うべきで、他人がとやかくいうべきことではない。

愛情の押し売りをする押しつけがましい人は、心の底のどこかに攻撃性を隠している。一方で他人への一体化願望を持ち、見捨てられることを恐れながら、他方で攻撃性を抑圧する。したがって、相手が押し売りの愛情を拒むと、ものすごい勢いで怒りだしたりすることがある。

冷たい人間が、自分は冷たい人間だと思っているときは別に人間関係に差しさわりはない。問題は、冷たい人間が自分は心の温かい人間だと思っているときである。実際のその人と、その人の持っている自我像とが一致しているときはいいが、実際のその人と、その人の持っている自我像とが反対のときは対処に困る。

押しつけがましい人は、「自分は愛情の人」という自我像を持っている。しかし本当は一体化願望と攻撃性の二つを抑圧している人なのである。

「山あらしのジレンマ」ということがよくいわれる。そのような名前の本もある。

寒い朝、山あらしのカップルがお互いを温めあおうと近づいたが、自分の棘《とげ》で相手を傷つけてしまう。そこで山あらしは近づいたり離れたりをくり返して適当な距離を見つける、というのである。

近い者ほどエゴイズムでお互いに相手を傷つける。この山あらしのジレンマは、やはり情緒未成熟者のみにあてはまる。押しつけがましい人、要求がましい人、外づらがよくて内づらがわるい人たちである。

内づらのわるい人は、たしかに近くなればなるほどその人を傷つける。そのくせ激しく傷つけてしまう人ほど、いざ別れることになれば逆に別れられない人である。

なぜなら、自分にとって近い人を激しく傷つけるというような人は、その近い人に対して心理的依存が強いからである。

2章

子供のとき、その人の心に何が起こったか

◉子供は親の「持ち物」ではない

子供を自分の延長として見るということは、子供を自分の手足と同じように感じるということである。むずかしくいえば「他者の自己化」である。

自分の手は自分が上げようと思えば上がるし、自分の足は自分で歩こうと思えば前に出る。そして、それがあたり前であり、手が上に上がったといって驚いたりはしない。しかし、歩こうと思ったのに足が前に出なければ、どうしてだと驚き、腹を立てるだろう。

子供を自分の延長と感じている人は、これと同じように子供が自分の思いどおりに動かないと腹を立てる。

子供が泣く。泣き声は皆に同じように聞こえる。しかしその泣き声で腹を立てる親と立てない親がいる。

子供を自分の延長と感じていない親はまず、「何で泣きはじめたのかな」とその理由を考えるだろう。そしてどうやって泣きやませることができるかなと考える。

しかし、子供を自分の延長と感じている親は、子供が自分の意志とは関係なく泣きだしたことにまず腹を立てる。そして「黙りなさい！」という。子供はそんなことをいわれたって黙るはずがない。

ところが子供を自分の延長と感じている親は、自分が黙れといったのに黙らないのでよけいに腹が立つ。歩こうと思って足が前に出なかったときのように不当と感じる。

自分が「黙れ！」と命令したら、子供は自分の手足のようにいうことを聞くのがあたり前と思っている。自分のいうとおりに子供が動かないことはけしからんことだと腹を立てる。その腹を立てる前提が、子供は子供の欲求に従って動くものではなく、自分の命令に従って動くものという感じ方である。

子供を自分の延長と感じていない親は、子供自身の欲求に従って子供を黙らせようとする。このような親が、自分と子供とに自我境界ができているといえるのに対して、子供が自分の命令に従って動かないとき腹を立てる親は、自分と子供とのあいだに自我境界ができていないといえる。別の言葉を使えば、それは親の側が「個別化の未完成」な状態なのである。

先に他者の自己化といったのは、別の言葉でいうと自己中心性でもある。

◉「自分」と「他人」に線を引く

不機嫌な人間は、他人の不機嫌にもっとも敏感である。なぜなら、不機嫌な人間は自我境界ができていないからである。今、自分が不機嫌であるとする。たとえばそのとき、ある誰かに朗らかでいてもらいたい。ところがその人は朗らかにしていない。するとそれがおもしろくない。

他人の気持ちが自分の望みどおりに動かないとふてくされる人がいる。自我境界の不鮮明な人である。

他人に「こうした気持ちでいてもらいたい」ということは誰にでもあろう。ここまでは自我境界の形成されている人も形成されていない人も同じである。

ところが自我境界が形成されていない人は、他人の気持ちは自分の手足と同じように動くのがあたり前と感じているから、他人の気持ちが自分の望むように動かないと怒りだす。極端な場合にはパニックになる。

他人に対する自分の望みが自分の要求になってしまうのが、自我境界の形成不全の人である。別の言葉でいえば、先に使った個性化の未完成でもあるが、さらにいえば、その要求は神経症的要求でもある。

疲れて帰宅するビジネスマンは誰だって、家の中が明るい笑顔に満ちていることを望むだろう。そしていたわってもらえればうれしいだろう。

しかし、自我境界の形成されている人にとってそれはあくまでも望みである。そうある「べき」で、そうなっていなければ不当なことであるというわけではない。自我境界の形成されている人、個性化の完成している人にとっては、それらはあくまでも願望である。要求ではない。

神経症的要求というのは、他の人にとっては願望であることが、要求になっていることである。

家には家でいろいろなことがあるだろう。子供がぐずっている、隣家の下手なピアノがうるさくて赤ん坊が寝つけない、今月のローンの支払いができるかどうか心配である、などなど。

自我境界が形成されている人は、帰宅したときに家の中が自分の望むような雰囲気になっていなくても、すぐにカーッと来ない。

ところが自我境界の形成不全な人は、身近な人々の気持ちが自分の手足のように動くと感じてしまっているから、自分の望むように動かないとカーッとなってしまう。「俺がこんなに疲れて帰ってきたのに」と怒りだす。そしていったん怒りだすと、なかなかこの不快な気持ちから抜けだすことができず、夜中まで延々と家の者を責めたてる。

相手の気持ちは相手の内づらの法則に従って動くのであって、こちらの望みに従って動くのではないということが、頭でわかっても感じとしてつかめないのが自我境界の形成不全の人である。個性化の未完成な人である。神経症的要求を持つ人である。

母親が忙しさから解放され、ひと息ついて紅茶を飲みだした。とたんに赤ん坊がワーッと泣きだした。

自我境界の形成不全な母親はカーッとなる。「ああ、まったく、人がせっかく紅茶を静かに楽しもうと思ったのに」と怒る。

自我境界の形成されている母親だって同じように感じるが、カーッとなって怒ったりはしない。赤ん坊が何をいつどう感じるかは、自分の決めることではなく、赤ん坊に任せる以外にないと感じているからである。他者の自己化が行なわれていない。神経症的要求を持っていない母親である。

他人が何を望み何を感じ、何を楽しみ何を怒るかは、他人の問題であって自分の問題ではない。そのことが感情としてわかっている。つまりそのように感じとれる。これが自我境界が形成されているということである。個性化の完成した人である。

自我境界ができていない母親は、子供が自分と違った感じ方をするのがおもしろくない。まるで自分の手足が自分のものでないような不当な感情を抱く。まさに自己中心的な親である。

自己中心性とは「他者がいない」ということである。そして、常に子供が自分の感じ方を変えるように圧力をかける。やがて子供は、母親が望むように感じようと努力し、自分を失っていく。そしていつか、自分は何が好きであるかもわからなくなる日が来る。

自我境界の形成不全な親といると、ただ一緒にいるだけで子供は圧迫を感じる。

ところがこのような母親は、自分の子供以外には、外づらがよいことがほとんどである。

母親は自我が未確立だから、他人を前にして不安である。その不安への対応として迎合する。迎合することで身を守る。

◉その「お節介」は愛情ではない

世間には何となく押しつけがましくて、できればつきあいたくない人というのがいる。どこがどうわるいということはないのだけれど、一緒にいると何か強要されているような気持ちになる。きっとその人は自我境界の形成不全な人なのであろう。

他人を自分の一部と感じている人は、つまり他者を自己化している人は、自分ではそれを自覚していないことが多い。目で見れば、他人は自分と別の存在であることはあまりにも明らかだからである。他人は自分とはまったく別の動きをして自分の目の前にいる。それなのに、まさか自分がそのまったく別の他人を自分の一部に感じているなどとはとうてい思えない。

ただ肉体的にまったく別であるということが目や頭ではっきりとわかっていても、気持ちの動き方を見れば、その人が他人を自分の一部と感じていることがわかる。

たとえば、一人でお茶を飲んでいるとする。そこに子供があらわれる。するとその親はとたんに支配的な気持ちになる。その子に、「こうしろ、ああしろ」とさまざまな要求がでてくる。子供のやることなすことに干渉せざるを得ない気持ちになってくる。かまいすぎるのである。

これが自我境界形成不全、つまり他人を自分の一部と感じている証拠なのである。干渉しすぎ、かまいすぎでありながら、自分の支配的な気持ちを愛情と勘違いする親がいるからたまらないのである。

親子関係ばかりではなく、他人のやることなすことに何かと口をさしはさむ人がいる。部下のやっていることを黙って見ていられないで、すぐ口をさしはさんでくる上司がいる。そして他人の気持ちを「こうだ」と決めつけてくる。

「あいつはすぐに自分の考えを押しつける」という言葉がよく聞かれる。だが、おそらく当の本人は自分の考えを押しつけていることに気がついていないのではなかろうか。

その人は他人を自分の一部と感じていることに気がついていないのである。つまり他者の自己化をしている人は、それに気がついていない。つまりこれが自己中心性である。先に書いたように他者が誕生していない。

自我境界のできている人、自己中心的でない人は、自分の考えを他人に押しつけたということを知っているはずである。

他人に対して何かと要求が多いくせに、他人のすることがいちいち気に入らないという人もいる。こんな人もやはり他人を自分の一部と感じている人なのである。

このような人たちは自立に不可欠な周囲からの個性化ができていない。目で見て、いくら自分の体が他人から分離していても、他人と自分のあいだに自我の境界ができていないのである。つまり分離はできているが、個性化ができていない。

体がはっきりと別々になっているだけに、本人にはこのことが理解できない。体が別になっているけれど、自分の気持ちが相手のところまで伸びていってしまっているとは思えないのである。

気むずかしい人がいる。この気むずかしい人は他人を、全部を自分の図式に合わせようとしている人である。ところが他人はその図式に合わせようとしない。するとイライラしたり不機嫌になったりする。

現実の他人というものを全然見ていない。ただいるのは自分が考える「他人」だけである。このタイプの人は、自分が好きなものを自分の身近にいる人が好きでないなどとはとても理解できない。

他人が自分の図式からはずれると不愉快になる。どうしても自分の現実と他人の現実は別なのだという感じ方ができない。だいたいにおいて自我境界のできていない人が自分の考えを押しつけてくるのは内側の人に対してである。つまり内づらになったとき、相手に自分の感情や考えを押しつけてくる。

外づらになったときにはまともな自己主張すらできない人が、内づらになると相手の存在を無視して一方的に自分を押しつけてくる。

◉甘やかされすぎた人、甘えられなかった人

過剰な責任感と責任転嫁はともに自我防衛である。

自分の責任ではないことにまで責任を感じて悩む人がいる。あるいはそのことで自分を責める人がいる。

過剰な責任感というのはどこか自己卑下に似ている。先手を打って自分で自分を軽蔑してしまえば、他人がさらに自分を軽蔑したり攻撃してきたりすることはない。つまり自己卑下は他人の攻撃を避けるためのものである。

同じように過剰な責任感の持ち主も、いかにも自分の責任であるかのごとくふるまいながら、実は他人からの責任追及を避けようとしているのである。

過剰な責任感の持ち主は責任をとろうとしているのではなく、責任をとらずに、しかも他人からの責任追及をかわそうというずるい人間である。

「申し訳ない、どうしよう、こんなことをしてしまって、まったく私の不手際で皆さんにご迷惑をかけて、どうお詫びしてよいやら……」とくどくどとつづくが、現実にどのように自分が責任をとるかということについてはひと言も触れない。

会社で失敗してくどくどいっている人間は責任を逃れようとしているのである。「自分は失敗した。自分の能力ではこのポストは無理だ。このポストは降りよう」とは決していわない。

失敗しながらも、なおそのポストに居座ろうとするから、責任感を過剰に誇示しなければならないのである。

過剰な責任感を誇示することで、今まで持っていた他人からの好意をそのまま保持しようとしているのである。要するに責任感を誇示することで許しを求めているのである。ひと言でいえば周囲に甘えているにすぎない。

実際に仕事上の失敗があって、これに対し責任をどうとるかという場合でなく、単に仕事をしているときでも、いかにも責任感の強そうな〝ふり〟をする人がいる。これなども他人からの尊敬を求めているものであろう。いいかえれば他人からの軽蔑を避けようとしているのであろう。

責任転嫁というのも同じことである。

責任転嫁は過剰な責任感のように、他人からの攻撃を避けるために手の込んだ真似などしない。単に、自分には責任がない、わるいのは自分ではなくあいつだと主張しているにすぎない。

自分を攻撃するな、攻撃を向けるべきはあいつだと単純にいっているにすぎない。もっとも単純に他人の攻撃から自分を守ろうとしているのである。

俺が勉強できないのは先生の教え方がわるいからだ、仕事がうまくできないのは上司が無能だからだ、子育てがうまくできないのは姑のせいだ……。もちろん中にはこれらが事実であって、責任転嫁でないときもあるだろうが。

甘やかされて育った者はどうしても責任転嫁をしやすい。何かわるいことがあると、「おばあちゃんが全部他人のせいにしてくれた」などというケースである。

ただ責任転嫁については、現実と人々の認識のあいだにあまりズレがないから問題は少ない。つまり責任転嫁ばかりしている人を見れば、まわりは困ったものだと感じ、それではいかんと忠告する人もいる。

しかし過剰な責任感を示す人の場合にはそう単純ではない。忠告する人もいない。責任逃れの手段が責任感の誇示であると見抜けない人もいる。

甘やかされすぎてスポイルされたのが責任転嫁の人である。それに対して、小さいころ甘えることができないで、甘えの欲求を残したまま大人になってしまったのが過剰な責任感の持ち主である。

考えてみれば、過剰な責任感というのも言葉としてはおかしい。なぜならその人には、もともと責任感なんてないのだから。

何かを避けようとするから〝過剰〟になってしまうのである。

過剰な責任感の持ち主は、甘やかされてスポイルされた人とはまったく逆に、小さいころからとうてい背負いきれない責任をとらされて成長してきた人なのである。

もともと負えない責任を追及される中で、それを避けるずるさを身につけてしまったのである。

たとえば親が責任転嫁の人であったとしよう。何か家の中でおもしろくないことが起こったとする。その責任は実は親にある。しかし親は甘やかされて育ってスポイルされている。まともに自分の責任をとれない。そこでそのおもしろくない事件の責任を子供に押しつける。

こんなことがくり返されれば、子供は自分の責任でないことまで自分の責任と思うようになろう。何かわるいことがあるとすぐに、自分が責められるのではないかと恐れるようにさえなるだろう。

子供の責任ではないことまで子供の責任にしてしまう親は、子供の自我の発達にとってたいへんな障害である。自我境界が不鮮明になりやすい。

◉なぜ、他人の機嫌に振りまわされるのか

今から考えると、私は自分の責任でないことまでよく責められて育ったほうであった。

父親は外で不愉快なことがあると、家に帰ってきてものすごく怒った。食事のときにものが投げられたり、テーブルが引っくり返ったこともあった。

そしてそういうときは決まっていつも、家の者の態度がわるいから、ということで責められた。私は、父の感情の動きにまで責任を持たされていた。

大人になってからも、私は自分が他人の感情に責任があると思うから、身近な他人の不機嫌に耐えられなかった。

大人になってからでも、他人の機嫌に私の感情は左右されてしまった。

他人が不機嫌になると、責められているように感じてしまうのである。そして、あげくのはてに「自分はこんなに一生懸命にやっているのに、どうしてこんなに責めら

れなければならないのだ」と腹が立ってくる。

自我境界のはっきりしていない時代、つまり子供は、親のイライラした不機嫌や怒りを自分への拒絶と感じる。しかし大人になれば、他人が自分に怒っているからといって、必ずしも自分がわるいわけではないという理解はできる。

たとえば誰かがイライラして私を怒ったとする。そんなとき私たちは、その怒った人の深いところにある不安や葛藤が、怒りとなって表出してきていると知ることもできる。

私はあるときから、私を怒鳴った人をきわめて冷静に見ていた。フロムが『愛するということ』（懸田《かけた》克躬《かつみ》訳・紀伊國屋書店刊）の中で、怒っている人を悩んでいる人として見ると書いているが、たしかに私は、あるとき私を怒鳴った人を、悩んでいる人として冷静に見ていたことがある。

ところが子供に対してこんなことを期待できるわけはない。

児童心理学の権威であるベンジャミン・ウォルマンは、『子どもの恐怖』（作田勉訳・誠信書房刊）の中で次のように述べている。

「両親の自信が、子供を一層安心した気持ちにさせますが、両親の怒りは子供を一層おびえさせ混乱させます。

親の短気、苛立ち、あるいは怒りを、しばしば子供は、完全な拒否と感じます」

親のイライラや怒りを、子供は自分への拒否と感じるという指摘は見事であるが、親が、子供とはまったく関係のないことで悩み、苛立っていても、子供は自分がわるいから親は苛立っていると感じてしまう。

子供には親の心の底にある不安や葛藤が理解できない。そして子供にとっての世界とは、親と自分の関係でしかない。そこで異変が起これば「自分にどこかわるいところがあったのだろう」と感じるにちがいない。

不安を感じる子供は情緒的に成熟できない。しかし、情緒的には成熟できなくても肉体的には成熟していく。

子供というのはただでさえ親のイライラや怒りを自分と関連づけて解釈しがちなのに、親自身が自分のイライラを「おまえがそんなことをするからだ」と関連づけてしまうなら、よけい脅えてしまう。

親が内づらがわるくて外づらがよい人の場合、子供は他人の気持ちに責任があると感じてしまう。

◉「これは彼の問題です」

アメリカの心理学者、A・H・マズローの『人間性の最高価値』(上田吉一訳・誠信書房刊)に次のような文がある。

「二人の精神分析者が、あるパーティでばったり顔を合わせた。一人の分析家が、もう一人のところへ歩み寄ったかと思うと、何の警告もなしに顔に平手打ちを食わせた。打たれた分析家は一瞬、眼を見はったが、ついで肩をすくめ、次のようにいった。『これは彼の問題だ』」

このとおりであろう。

しかし、小さい子供は「これは親の問題だ」とは思えない。自我境界ができてくれば、他人の問題を自分の問題としてしょいこんで悩むことはない。

人目にはやさしいと見られている人で、単に自我境界ができていないだけという人がいる。他人があることで悲しんでいると、その他人の悲しみに巻きこまれて肝心の自分のやることがきちんとできなくなってしまう人である。

一見するとやさしそうなのである。しかしよくよく見ていると、具体的にはその悲しんでいる人を助けようとはしない。自我境界ができていない、つまり幼稚なのだ。人間は、自我境界ができてはじめて自分と相手との関係ができる。自我境界ができていないということは、他人という対象もあらわれていないということなのである。私たちにとって、他人と自分の出現は同時である。

先生が一人の子供を叱る。すると別の自閉的な子供が恐がることがよくあるという。「先生のことばの意味は十分理解できる。しかし先生がいまそのことばを向けているのは自分に対してではない。そこがわからない。そして叱られている本人と自分の立場とが混乱してしまうのである」(『自閉症』玉井収介著・講談社刊)

自分と他人という関係が心理的に成立することで、私たちは心の負担からどんなに解放されることだろう。いいかえると、他者が誕生して、自己中心性でなくなることで、悩みからどんどんと解放される。

私はアメリカの心理学者でデヴィッド・シーベリー（著書に『自分に負けない生きかた』『問題は解決できる』〈ともに三笠書房刊〉などがある）という人の本を何冊か訳した。そのシーベリーの言葉の中に、次のようなものがある。

「松の木は枝をのばして葉を落とす。下の草は枯れる。だが松の木はみずから生きようとしただけだ」

シーベリーがいいたいのは、松の木の下草が枯れたとて、それは松の責任ではないということである。しかしこれは決して無責任のすすめではない。真の責任をとれる主体となることのすすめである。これは自分と他人の関係の大切さをいっているのである。日本ではときに、自我確立のすすめが無責任と誤解されやすい。そして、幼稚さのすすめが責任や温かさのすすめととられる。

◉「年相応」ではなく「自分相応」に生きる

無理に自分を相手に合わせようとするから自分を経験できなくなるのである。自分を経験できない、自我の確認ができない、つまり自分の同一性を失ってしまう。

そのような人は、幼いころから自分を犠牲にして相手に合わせることを強制されてきた。そして、ついには自分を失ってしまう。

人間の味わう不愉快さは、自分が自分でいられなくなることが原因である。

人間は、ある段階を飛びこえて成長することができない。幼いころに、おもしろくないときはおもしろくない顔をし、黙っていたいときは話しかけられても返事ぐらいしかしなかったり、また話しかけられなければずっと黙っていることが許されることで成長していくのである。

小さいころから相手の期待を察知して、黙っていたいときでも朗らかそうに話したりしていると心は成長しない。幼いころから相手の期待に自分を合わせることを常に強制されてきた人は、大人になっても自我は未形成である。

大人になったら、幼いころと違って社会性が要求される。黙っていたいからといって皆のいる場所で一人ブスッと黙っているのはよくない。

ところがこの大人の社会性は、幼いころ黙っていたいときにブスッとしていることを許されたことによってできてくるものである。幼いころ親の気持ちを無視して、自分が黙っていたいときに平気で黙っていられた人が、大人になって真の社会性を身につけられる。

幼いころに気持ちのわがままを許されることで、自己中心性を克服していける。そして他人と協調していけるような人間になっていく。大人になって相手に合わせても、それで自分を失ってしまうような不愉快さを味わうことはない。相手に合わせても自分というものを維持していられる。

ところが、気持ちのわがままが許される段階がないまま、いきなり大人になってしまったとすると、表面上は他人と協調しても心の底に不愉快さが残る。

先に書いたとおり人間の心は段階を超えて成長することはできない。しかし社会的、肉体的にはどんどん年をとっていく。幼いころ、黙っていたいときも朗らかにしていなければ生きていけないような環境に育った人も、そうでない人も同じように三十歳になり五十歳になる。

そして社会はその人の過去の環境とは関係なく、三十歳の人間には三十歳の精神年齢を期待し、五十歳の人間には五十歳の人間としてふるまうことを求める。

したがって三十歳の人間は三十歳のように、五十歳の人間は五十歳の人間のようにふるまわなければならない。これが外づらとしての人間である。

しかし内づらのほうはそれぞれ異なってくる。したがって内づらのよい人間と、内づらのわるい人間があらわれてくる。

◉ボイコット万歳！

私は、人間はそのときどきの素直な本当の気持ちを感じとりながら成長していくしかないと思っている。自分の実際の感じ方を抑えて相手の望む感じ方を自分に強制しても、いつか破綻するときがこよう。

昔、朝日新聞の夕刊に、作家の林真理子が父親について書いているのを読んだが、その出だしの言葉は、「父親が嫌いだった」というものであった。

そして、「私はいつのまにか、父に嫌悪に加えて侮蔑の感情を持つようになってい た」とつづくのだが、最後のほうには次のように書いてあった。

「ところで、気がついたら私は三十娘になっていた。反抗期が過ぎたどころか、トウが立ちはじめている。そしてこれは本人も驚くほど不思議な話なのであるが、私はひどく父親が好きになっていた」

父親を嫌いだった時期に嫌いと感じることができた。それが許される環境であった。だからこそ最後には父親を好きになれたのであろう。

もし父親のことを嫌いな時期に、子供は親を好きであるべきである、あるいは好きなはずである、ということを無意識の前提にして生きていたら、彼女はどうなったであろう。彼女は三十を過ぎても父親を好きにならなかったと私は思う。彼女が父親を恐れて、嫌いという感じ方を抑圧し、好きだという感じ方を自分に強制していたらこうはならなかっただろう。

あるいは今述べたごとく子供は親を好きなものであるという信条に縛られていたら同じことが起きたであろう。事実に支えられている信条ならよいが、私たちは事実をゆがめたビリーフ（信念）によく縛られている。

私は小さいころから事実をゆがめたビリーフに縛られて成長してきた。兄弟姉妹の喧嘩は禁じられていた。親子兄弟は仲がよいはずであり、お互い好きなものである。喧嘩をすることはいけないことである。

今から考えると私は自分の親や兄姉が心の底では嫌いだった。しかし好きだという感じ方を自分に強制して生きてきた。その結果、心の底ではいよいよ嫌悪しながら、表面的には世間もうらやむほどの仲のよい兄弟であった。

しかしもし、小さいころ喧嘩することが許されていたり、兄姉だってイヤなときはイヤなのだという感じ方を許されていたなら、心の底から嫌いになることはなかったであろう。

兄姉に好かれなければならぬ、好きでなければならぬ、喧嘩なんてとんでもない、世界中で信頼できるのは親兄姉だけ、人間関係の中で親兄姉との関係が最高である、というビリーフにがんじがらめにされて生きたことで私は苦しみつづけた。

これくらい私の自我の形成に障害になったビリーフはないと思っている。

「悩む人間というのは、まともでないビリーフを金科玉条のように保持している人間である」(『〈つきあい〉の心理学』国分康孝著・講談社刊)

まことにそのとおりであろう。そしてこのような人間というのは、真実とは恐ろしいものだと感じるようになってしまう。最後は真実ほど人間を安らかにし、救ってくれるものはないのに、かえってそれを恐れる。

一九八四年のロサンゼルス・オリンピックのころ、朝日新聞に水泳、高飛び込みの馬淵よしの選手のことが出ていた。

「母かの子さん（四十六歳）は、単なる母親ではなかった。英才教育を仕込むコーチであり、東京五輪大会七位の成績を残した『目標』でもあった。母に拘束される生活に少女は反抗し、競技をやめることも考えた」

少女はモスクワ・オリンピックの「ボイコット万歳」を叫んだという。

もし馬淵よしの選手がこのとき母に反抗しない素直なよい子であったら、ロサンゼルス・オリンピックには出ていなかったかもしれないし、また出場していても大舞台で不安と緊張に青ざめてコチコチになっていたであろう。

彼女は母から逃げるかたちでアメリカに留学した。そしてそれができたからこそ、「はじめて飛び込みの魅力に自分で気づいた」のである。

もし母から逃げるかたちでのアメリカ留学をせず、母親のお気に入りの素直なよい子のままでいたら、彼女は飛び込みが好きになることはなかったであろう。

彼女の言葉を借りれば、「不思議なことに、母から逃れて一人ぼっちになったら飛び込みの魅力がわかってきた」というわけである。

私たちは時と場所を無視した、さまざまなゆがんだビリーフに悩まされて生きている。そのゆがんだビリーフにどれだけ内づらを腐蝕されていることだろう。

家族はよいものである。しかしそれは自分の感情を自由に表現できるとき家族はよいものなのである。親に所有された子供にとって家庭は地獄である。

それは家族ばかりでない。すべての人間関係にいえる。友人関係であれ、恋愛関係であれ、どんな人間関係でも、よい人間関係とはお互いに本音をいってもつづく人間関係である。

先に、悩む人間はまともでないビリーフを金科玉条のように保持しているという言葉を引用したが、より正確には、条件を無視してビリーフを保持している人が悩むということである。

私たちは親との関係において、肯定的——否定的——中立的というプロセスを経るといわれる。これが健全なプロセスであろう。もちろんある時期突然、肯定的から否定的に変わるものではない。子供は親に対する思慕と反感が交錯しつつ反感が勝ち、それによって自己の個別化が達成される。そして自己の個別化が達成されたことで親への反感も消え、人間としての中立的な関係に入れる。そして新しい親子の肯定的な関係に入る。

英語で、グッド・ファイティングという言葉がある。親子の戦いである。

内づらがわるくて外づらがよい人は、成長期に親子のあいだで、この「よい戦い」がなかった人たちである。

3章

「他人軸」から「自分軸」の人生へ

◉ちぐはぐな「内づら」と「外づら」

この章では、内づらがわるくて外づらがよい人について、「暴力をふるう」というよりも、どちらかというと「不機嫌になる」という意味で「内づらがわるい」という点をとりあげた。父親は公認会計士。その娘が次のように嘆いている。

「外では先生、先生といわれて人望がある。しかし家では義母につらく当たり、浮気をし放題で、母親とはいつも喧嘩をしていました」

父親から突然殴られる。部屋の隅まで蹴られて、ゴミ箱で殴られる。

父親が帰ってきたときに、機嫌よく迎えないと、階段の上まで追いかけてきて殴る。

父親が仕事から帰ってくる姿を見ると、私は震えてくる。

母親は私よりもっと殴られていました。

それで母親はよく家出をしていたので、よく外を探しました。

とにかく父親は外づらはよかった。

このように内づらがわるくて外づらがよい人と少し違うタイプがある。殴る蹴るはしないで、不機嫌に黙ってしまうタイプである。

なぜか近づくと逃げたくなる

身近な人に甘える。そして甘えが満たされなくて、「すねる、ひがむ」。不機嫌になる。そういう人は、近い相手に対してはどうも心理的に要求が大きい。依存心の強い人は、近くなると相手が自分の思うように働いてくれないという不満がでる。

内づらのわるい人というのは、内づらをあらわすような関係の人に対して適当な距離をとることがむずかしい。距離をとれないところから来る内づらの混乱が、不快で不機嫌になる。

身近な人と接すると、自分の内づらが占領されて自分が自分でなくなってしまう。

そのような心理状態になることを必死で避けようとし、あるいはその混乱の中で必死に自分を守ろうとしているのが不機嫌であろう。

つまり、自分の内づらを混乱させる身近な人間に対して身構えている状態が、不機嫌な心理状態である。内づらのわるい人間は身近な人間からの心理的独立がなされていない。だから、身近な人間に内づらをコントロールされてしまう。

もちろん身近な人のほうがその人をコントロールしようとしているわけではない。身近な人間の存在そのものがその人の内づらを混乱させてしまう。

そこでその身近な人間から自分を守ろうとして不機嫌に黙りこむしかなくなる。つまり近い人間から、自分が混乱させられてしまうことがないように、不機嫌に黙っている。

どうしてもいいたいことがいえなくなってしまう、圧倒されてしまう、何もいわないのに気持ちの上で負けてしまう。それがおもしろくなくて、ときには見当違いのことに難くせをつけて相手を責めるしかない。いつまでも相手をぐちぐちと執ように責めるのは、内づらの混乱を回復しようとして、回復できないからである。責める原因が相手の言動にはなく、自分の内づらにあるからである。

相手を執ように責める原因は、自分の内づらの不確かさである。身近な人といると、自分が不確かで、もやもやしている。そして霧が消えるように自分が消えてなくなってしまう。身近な人でない、「外側の人」に対しては何とか維持できた内部の自律性が、身近な人に接するとこわれてしまう。外側の人に対しては何とかみずからの内部を律することができていたけれど、身近な人に接するとそれができなくなる。

自閉的な構えを示すことで内づらの自律性を守ろうとしているのである。

スイスの精神病理学者オイゲン・ブロイラーは、統合失調症の特徴として自閉性と両価性を挙げたが、私は不機嫌の特徴も自閉性と両価性であると思っている。

というのは、外づらがよく内づらのわるい人というのは、身近な人に対して、自分が支配されていると勝手に思いこんでいることが多いからである。

内づらの世界において、彼は自己の自己性を守れなくなっている。内づらの世界においては自我の同一性が脅かされてしまう。絶対的に区別された自分と他人の関係が脅かされてしまう。内づらの世界においては自他の区別が消失してしまいそうになる。

私たちは自分が確立できてはじめて対人的接触が可能となる。私とあなたがともに個別化されることによって、私とあなたは心の接触が可能であり、共感も可能である。ところがもし、ある人に出会うことによって自分の気持ちが相手に吸いこまれてしまったらどうなるか。自他の区別が消失し、接触や共感は不可能であろう。

◉憎いけれど、離れられない人

内づらのわるい人にとって内づらの関係とは両価的なものである。内づらのわるい人はどのような人に対して機嫌がわるくなるかといえば、当然身近な人に対してである。そのくせ、その身近な人に心理的に依存している。つまり心理的に依存しているその人と離れれば、その人に会いたくなる。その人のそばにいたい。その人なしに生きていけない。しかし、そばにいると不快になる。

次の例は典型的な不機嫌の例ではないが、両価的なものの例として読んでもらいたい。

あるＤＶの夫である。会社では別人で、評価されている。しかし妻には暴力をふるう。そして妻は逃げだして別居した。そうすると彼は一人で眠れなくて、毎晩「死にたい、死にたい」と泣いている。「妻に帰ってきてもらうためにはどうしたらよいか」と相談してくる。しかし妻が帰ってくればまた暴力をふるう。

内づらのわるい人は、外との関係においては機嫌よくふるまう。外づらはよい。まさに別人。しかし彼は外づらの世界だけでは生きていけない。彼の心を支えているのは外づらの世界ではなく、内づらの人たちとの関係である。

両価的な感情を表現したのが内づらのわるさという症状であろう。憎いけれども、その人なしには生きていけない。

内づらのわるさとは出口を失った感情である。内づらの人に対して持つ感情をその人はどうしても表現できないのである。

このＤＶの夫も、やさしさがないわけではない。しかしやさしい感情を表現することができない。やさしい感情は表現されることを拒否されている。拒否するのは相手に対する抵抗なのである。自分の感情を表現すれば自分が失われてしまうように感じるからである。

外づらの人と会っても、その人は役割があるかぎり、みずからの存在を脅かされることはない。しかし内づらの人と会うと、みずからの存在が脅かされる。

家族という共同体の世界は、会社のような機能集団的な世界のように役割が重要な世界ではない。機能集団的な世界では部長や課長などという立場がはっきりとしている。自分の立場の喪失という心理的に恐ろしいことは起きてこない。

感情の表現を回避するのは、相手の中に吸いこまれて自己性を喪失することを拒否しようとすることである。そしてこれがとりもなおさず自閉的ということであろう。

つまり内づらがわるくて外づらがよい人は、身近な人に対して自分の感情表現を回避して押し黙ってしまう。自閉的になることで、自分自身を守っている。

しかしなぜ内づらのわるい人は、このような他人から干渉されているような感じを、その内づらの関係にある人に対して抱くのだろうか。

外づらの関係にある人に対しては、同じような感情を抱くことはないだろう。それは役割によって防衛されているからである。外の人に対しては、立場の喪失という心理的に恐ろしいことは起きない。

事実において相手はこちらの内側を意のままに支配しようなどとは思っていない。

こちらが勝手に内づらを支配されているような気持ちになり不快になる。

要するに内づらがわるくて外づらがよい人というのは、自我の基盤が脆弱《ぜいじゃく》だということである。

黙りこむ夫、悩む妻

私たちは日常生活において、他人から自分の心をのぞかれるというような気持ちになることがある。しかし内づらのわるい人の味わう体験はこれとは少し異質なものである。

まず相手はこちらの心をのぞこうとはしていない。それにもかかわらず心がのぞかれているような気持ちになる。そこで不安定、不愉快になる。そしてのぞかれることに抵抗して自閉的になる。「自閉的になる」ということが大げさであるならば、重く押し黙る。

内づらのわるい夫と生活してほとほと疲れはてた奥さんが、テレフォン人生相談などに電話をしてくることがある。奥さんは自分の感情や考えを押しつけるつもりはない。そこでどうして夫が押し黙ってしまうのかがわからない。

しかし夫の側からすれば、奥さんが自分の感情や考えを単純に表現しただけで、押しつけられたように感じてしまうということである。そして自分の感情や意志や考えを奪われてしまうように感じる。つまり自分が自分でなくなるような脅威を感じてしまうのである。

不機嫌に押し黙った夫からすれば、妻の感情表現は、要請なのである。表現でも、提案でもない。従わなければならない要請である。

それは小さいころからの重要な他者の感情表現は、要請であったからである。内づらがわるくて外づらがよい人は小さいころからの束縛からまだ抜けきれていない。

だからといって、自分を相手に表現していくことはできない。なぜならば、その人に心理的に依存しているからである。だから、押し黙って重苦しくなっていることしかできない。

こちらも攻撃するということはできない。なぜならば、その人に心理的に依存しているからである。攻撃されたと感じて、

奥さんは、事実としては夫を監視しているわけではない。しかし夫は監視されていると感じてしまう。そこで不安定、不愉快になる。

内づらのわるい夫は、会社の中では機嫌よさそうにふるまう。取引先の人と話をしているとき、自分の心の中が相手に筒抜けになっているとは感じない。ところが心理的に依存している奥さんのところに帰ってくると、なぜか自分の内づらは奥さんに筒抜けになっているように感じてしまう。そこで今までのすっきりした気持ちが一変する。

先のDVの夫の場合には、不安から不愉快になることまでは同じであるが、攻撃性がストレートにでてしまう。不安に対する対応が、DV夫の場合には、攻撃性である。押し黙る夫の場合には、不安に対する対応が、閉じこもる回避である。

いずれの場合にも自我の確立がないために不安に向きあって解決する意志はない。両者ともに自我の未確立は同じだし、不安の消極的解決という点でも同じである。

◉「心の鎧《よろい》」でガードする

内づらのわるい人は、相手が監視してもいないし、監視しようともしていないのに、監視されていると感じる。監視されていると感じることはたいへんな束縛感である。相手が自分を縛ろうとしていないのに、縛られていると感じてしまう。「一緒にいる」というだけで圧迫されている感じになる。自己が自己でなくなる危険にさらされる。そこで個別者としての自己を守ろうと必死になる。攻撃的になれないとなると自閉的な構えにならざるをえない。

ひと言でも余分なことをしゃべるまいとして重苦しく沈黙する。余分なことをしゃべれば、自己侵害に対抗する自分の防衛的姿勢がくずれてしまうからである。

何度もいうように、相手はこちらを侵害しようなどとはしていない。ただ本人がそのように感じて、勝手に危機に瀕していると感じているだけである。

相手は、侵害しようとして語りかけるわけではない。語りかけられた本人が、語りかけられたことで自己喪失の危機に瀕してしまうだけである。

ある人は「相手がずかずかと心の中に入ってくる」という表現をした。

そこで文章にならない単語で返事をする。最も少なくしゃべろうとするのは、相手の侵害に対して防衛しようとするからである。

内づらがわるいというのは、自分の怒りの感情を表現している場合だけではない。

気持ちが通じるのを拒否している場合もある。だからといって無関係になろうとしているのでもない。ただ自己の自己性を守ろうとして防衛姿勢になっているだけである。

◉相手の意図は〝深読み〟しなくていい

「自分を維持できない」ということは具体的にはどういうことであろうか。

それはただ何となく自分の秘密を維持できないような気持ちになり、そのことが身近な人間の存在に対する不快感となっていく。いろいろと自分についてのことが身近な人間に知られていて、いつも監視されているような感じを持ち、それが束縛感となってくる。

そんな身近な人間同士がお互いに監視しあっていたりすることはない。相手は決して自分のことなど探っているのではない。それなのに身近な人間の何気ない質問を、自分のことを探るためのものと感じてしまう。そこから束縛感が生じて、さらに相手に対して不快な感情を持つ。

身近な人間に対して自分が透けて見えてしまっているような不快感を内づらのわるい人間は持っている。身近な人間と自分との自我境界が不鮮明なのである。よく個別性が確立していないことを自我イメージの未形成とか、自我境界の不鮮明とかいう言葉で表現する。要するに自分が他者と区別された固有の自分であるという感じ方ができないということである。

小さな子供は親のイライラを自分への拒絶と受けとる。父親は会社のことでイライラしているのかもしれないし、母親は隣近所とのつきあいでイライラしているのかもしれない。

だが、子供にとってそんなことは自分とは関係ないことである。ところが子供はその親のイライラを自分と関連づけて解釈する。そのように感じてしまう。

不機嫌な人ほど他人の不機嫌に敏感であるという。すぐ不機嫌になるような人は、自分と他人とをはっきり区別して感じられないから、他人の不機嫌を自分と関係のないこととして感じられないのであろう。

道を歩いていて誰かが振り返った。すると自分のことを振り返ったのではないのに、自分のことを振り返ったと他人の行動を解釈してしまう。あるいはそう感じてしまう。

このような関連妄想をしてしまうのも、結局自分と他人との境界を本人が鮮明に感じられないからであろう。心理的にはまだ自他の未分化の世界にいるということである。

内づらがわるくて、すぐに押し黙ってしまう人は、自分が身近な人たちと一緒の世界に入ったとたん、他人のあずかり知らない自分だけの世界というものが持てなくなってしまう。

ところがそれが不安なので自分自身の世界を持とうとする。その努力の姿が不機嫌に押し黙った姿ではなかろうか。

人生に不幸を寄せつけない

自閉的な世界に入ってしまう人は、相手に近寄られると、自分の部屋に土足で上がられたのと同じ気持ちになってしまう。

相手に「圧倒されてしまう」「負けてしまう」という。そういうのは、相手と接すると自分がなくなってしまうということであろう。「自分がなくなる」とは自我が崩壊してしまうということである。

うつ病者は役目を大切にする。役目は、自分を相手から守ってくれる防御の囲いである。役割は自分がよって立つ立場を与えてくれる。

役割的自己と役割的他者とが接しているかぎり、自我喪失は問題にならない。他人は自分の役割に反応してくれる。他人は、自分の○○会社××部長に反応するのであって、自分の自我に反応するのではない。そのかぎりにおいて弱々しい自我は守られる。触れられると消えてしまうような弱い自我は、ここでは触れられることはない。

他人と接すると、自己の同一性が消えてしまう。自己の連続性が失われる。自己が自己として成立しなくなってしまう。問題は他人が接してきたとき、なぜ自己が自己として成立しなくなるのかということである。

その根本的原因は、幼少期の「見せかけの関係」ではないだろうか。親しさ、愛情という名のもとに、子供の一切の感情をコントロールしようとした親、その親によって自分がよって立つ人間としての立場を喪失した。そこにこそ原因があろう。

相手の親しさの表現は、条件反射的にその人の内にコントロールされる不快さを呼びおこす。それは自分が相手の一部となることであり、相手に吸収されることであり、自分が自分として成立しなくなることである。それは個別化した自分の消失である。

自己が自己自身として成立しないで相手に吸収される。それが偽相互性ではないのか。

自己と他者との「分離と個別化」を小さい子供のころから認められなかった人は、大人になって他者が近づくと自我の解体が起きてしまうのである。

自己が自己でなくなる不快さ、その不快さから逃れようとして人は、自分を守ろうとして自閉的になる。

ここで大切なのは、自他を未分化にさせてしまうのは他者の側ではなく、自分の側であるということである。

他者がこちらに向かって自己の同一性を破壊しようとして近づいてくるのではなく、こちらが他者の接近で〝勝手に〟自己自身を経験することができなくなる。

他者の接近で、両親との不幸な出会いがそのつど再現されてしまう。昔、抑圧していた不快な感情を、他者の接近で再体験してしまう。その不快さのあらわれが内づらのわるさであり、自閉的傾向であろう。

そのような人は依存心が強いだけに、誰かに心理的に依存する。親しい人に依存し、その親しい人に昔の両親の役割を振りあててしまう。

その親しい人が両親のようにふるまうのではなく、その人自身が相手を両親の立場に追いやっていくのである。

つまり、両親を嫌いながらも、誰かが両親の役割をはたしてくれないと不安になるのがこの種の人である。

両親との不幸な出会いというのは、下手をするとその人の人生を不幸でぬりつぶしてしまう。いつも何となく不安定、不愉快でたまらないという一生を送る人もでてくる。

支配的で欲求不満な親に、小さいころからずっと支配されつづけ管理されつづけると、どうしてもこのような傾向はでてしまう。

実際は依存心が強いのに、自立心の強い人間であるかのごとくふるまっている人間は、いつもイライラしている。いつも何かに追われているかのように落ち着きがない。

心理的に落ち着いている人というのは、実際の自分を正面から見ている人である。

不機嫌で内づらのわるい人間も、実際は依存心が強いのに、自己確立しているかのごとくふるまっている人であろう。

「実際の自分」と、自分が認識している自分は違う。


自分にとって身近な人に対しては、「かのごとき」ふるまいが不可能になってくる。身近な人に対しては、どうしても実際の姿である依存心の強さがでてきてしまう。そこから相手への要求もでてくるし、それが通らない結果、不満もでてくる。

しかしその依存心を認めることができない。

また、自己確立しているかのごとくいつもふるまっていることで、依存心の強い自分が自分にとって違和感のあるものになってしまっている。

身近な人に対しては不自然に確立された自己はくずれてしまう。身近な人に対しては間《ま》がとれなくなってしまう。

◉自分の感情をどうコントロールするか

「中心我」と「社会我」というものがある。中心我とは自分の内面の固有の自我であり、社会我とは社会的枠組みの中で位置づけられた自我である。

中心我の脆弱さを社会我によって強化していこうとする人がいる。学歴、所得、容姿などである。

そういう人は、恋愛その他の不可避的に自己の内づら、中心我にかかわってくるような事態に巻きこまれると、気持ちが不安定化する。

内づらのわるさとは、この中心我の瓦解の結果であろう。自分を守ってくれていた防壁がなくなってしまった状態で不安定感、不愉快さを味わっている。

外の人間に対しては、社会我が自我のもろさを守ってくれる。したがって安心していられるし、自己を自己として感じることができる。

外の人間に接しているときは、自己の内づら的な脆弱さを味わわなくてもすむ。役割と役割で接しているかぎり、内づら的な脆弱さは問題にならない。

だから、近い人と接したときのような不安定感、不愉快さはない。

何回恋愛しても、恋愛が成立したとたんその恋人から逃げだしていく男性がいる。彼はある女性を好きになり、追いかける。その段階ではこの女性はあくまでも彼にとって外側の人間である。

彼にしてみれば、その女性と接しているときは内づらの脆弱さから自分を守ってくれる防御壁を持っている。しかし恋愛が成立したとたん今までの防御壁は役に立たなくなる。とたんに、彼は自己を自己として経験できなくなる。

彼は恋人とのあいだに間をとれなくなってしまう。かくて再び防御壁が有効に働く別の女性を求めて、その恋人から逃げていくことになる。

何回結婚しても、結婚したとたん奥さんに対するうっとうしい感情をどうにも処理できなくなるという男性もいる。

生《なま》の人間関係のような無防備な状態では自己を維持できないのである。

他者からの分離と個性化が完成されてさえいれば、外側の人間に対してであろうと、もっとも身近な内側の人間に対してであろうと、自己を維持できなくなるということはない。

他者からの分離と個別化が完成されていない人は、近い人に接してこられると、自己が他者性をおびてしまう。今、例として男性をあげているが、本質的には男性と女性が入れ替わっても同じことである。自己が他者性をおびるとは、自分の内づらに相手があいさつもなく土足で踏みこんできたような感じを持つということである。「他者の自己化」に対して「自己の他者化」である。

したがって他者を自分から切り離して対象化することができない。その他者を自分の愛や憎しみの対象とすることができない。

他者性をおびてしまった自己は、支配されてしまった自己なのである。もはや自分が自分をコントロールすることができない。

他者と分離され個別化された自己があってはじめて、他者は愛や敵意の対象となり得る。不機嫌な内づらとは、このように他者を対象化できず、自分の感情のはけ口を失ってしまった状態になっているのである。

不機嫌で内づらのわるい人には、まだ他者が誕生していない。

他者が誕生してはじめて自己中心性も解消される。つまり、はじめて他者とのあいだに人間としての関係が生じてくる。

他者の誕生は、同時に自己の誕生でもある。そこではじめて他者と向きあっても、内づらの不安や混乱はない。他者を避けて自閉的に自分の世界に閉じこもる必要はない。

いつも不機嫌で内づらのわるい人は、自己中心的でありながらも、相手に不満を持っている。それは感情のはけ口を失っているからである。不機嫌とは表現されることを拒否した感情であるが、表現しようにも表現の主体も対象もないのだから不安定、不愉快になるのは当然である。

他者と分離され個別化された自己があり、その自己が他者に対して感情を表現するのが感情表現である。しかし、いつも不機嫌で内づらのわるい人が、近い人に接して自己が自己として経験されず、自己が他者性をおびてしまったら、感情の主体も対象もないのだから感情が表現されるはずがない。これが本人には得体の知れない不愉快さとして感じられるのであろう。

不機嫌で内づらのわるい人は、もっとも身近な内側の人間に自分が脅かされると感じている。しかし、事実はそうではない。彼は、相手に脅かされているのではなく自己の他者性に脅かされているのである。

自己の他者性とは、内づら的な個別化の弱さであり、自我のもろさである。わかりやすくいえば、自我の未確立である。

ではなぜ自己が他者性をおびてしまうのであろうか。なぜ自己の中に他者性が混じってしまうのであろうか。

それは、発育過程において親から自己は自己であってはならないというメッセージを送りつづけられたからである。自己が自己となることによって他者を愛することができるのに、依存心の強い親が子供のそのような発育を恐れた。子供を所有しようとした親は、子供の内に自己が発育することを恐れた。

それゆえ自己が自己として他者から分離され、個別化の道を歩むことを子供は恐れた。子供は自己が自己として実現されることに罪責感を持った。

自己は自己であってはいけないのである。自己は常に自己の所有主である親性をおびていなければならない。親性とは他者性である。

自己のオーナーは他者なのである。そしてそのオーナーは自己が自己として実現することを禁じている。

それが自己と他者が心理的にくっついてしまった「癒着」である。

自己の個別化を完成した人にとっては、他者は自己の外から自己に出会ってくるものである。しかし自己の個別化がなされていない者にとっては、他者は外から出会ってくるものではない。

私たちは自己の個別化をなしとげていくとき、まず頭の中で、自己は自己として実現してよいのだ、その際、他者の存在などに気をくばる必要はないのだと理解することが大切であろう。

自己が自己として実現していくことに何の負い目を感じる必要はない。しかし、自己の個別化を達成しようとするとき、執ような罪責感に負けてしまう人がいる。そのように負けてしまう人は、近い人に対していつも不機嫌である。自己と対峙《たいじ》する他者に気くばりをする必要などない。自己の個別化がなされていない人間が、他者に気くばりなどしようと思ったとてできるわけがない。

その無理な気くばりが「自己執着的対人配慮」である。相手にとってはありがた迷惑な配慮である。うつ病になるような人がよくする自己執着的対人配慮である。

気くばりなどというものは、自己の個別化がなされた人のするものである。自分一人に手をやいている人間が、他者のことなど考える必要はない。

離婚の相談を受ける。相手との葛藤、みずからの心の葛藤等に苦しんでいることはもちろんである。

そして自分が自分で手に負えないのに、具体的な解決策を提案すると「それで、子供はどうなりますか?」という。

この状態で子供のことなどいくら考えたって子供のためにはならない。そういう親はもともと子供を愛する能力がないのである。もともと子供を愛する資格がないのである。

みずからの心の葛藤が解決できたときにはじめて「自分は親なのだ」という意識が生まれ、子供を愛する能力が生まれてくる。

他人に迷惑をかけながら、「人に迷惑をかけたくない」などとウジウジいっていても仕方ない。大雨の中を傘をささないで歩いていながら、ぬれたくないといっているような人である。傘をさすことが第一である。

大切なのは迷惑をかけなくても生きていけるような人間に、自分がまずなることである。内づらがわるく不機嫌な人間は身のほどを知らないのである。自分の内には三歳の幼児性を残しながら、その解消を心がけずに、まともな四十歳の人間としてふるまおうとしているのである。

小さな子供が勝手なことをしながらだんだんと大人になるように、自己の個別化がなされていない人は、どこかで勝手なことをしながら成長するより仕方ない。

疑似成長している人は、そのままでいるといつか破綻する可能性がある。破綻するとはまったくの無気力になったり、自律神経失調症になったり、うつ病になったり、妄想があらわれたり、神経症になったり、人間関係がどれもこれもダメになったり等々である。

◎「NO」を伝える練習をする

内づらがわるく、いつも不機嫌な人間というのは、内の人に向かったとき自分の欲求がいよいよ自分にとって不明確になるのである。

もっとも身近な内側の人と接したとき、自分の願望や主張がなくなってしまうのである。「自分はこうしたい、自分はこれはしたくない」ということが一切なくなってしまう。

彼らは内側の人と接したとき、自分自身の感情を失う。したがって何をやっても、それが自分自身の行動とはならない。何をやってみても、何をやらなくても、真の自分を裏切ったことになってしまう。

それは真の自分が、実は自分にもまったく不明確だからである。もっとも身近な内側の人に向かって何をいっても、それは自分が真にいいたいことではない。また黙っていたからといって、それで満足できるわけではない。

何をいっても、何をいわなくても、内づらのわるい不愉快さが消えるわけではない。それはおそらく、彼らがもっとも身近な内側の人に接したときに「圧倒されてしまう」「負けてしまう」からであろう。

もっとも身近な内側の人間の要求に負けてしまうのである。しかし相手が本当に自分に対して何かの要求を持っているわけではない。自分の側で何となく押されて重苦しくなってしまうのである。

もっとも身近な相手と接することで、相手の意図と関係なく、自分の脆弱な内づらが侵蝕されてしまう。相手が自分を不愉快にする力を持っているわけではなく、相手と接することで自分の中に暗い重いものがでてきてしまうのである。

そうした意味で内づらのわるさというのは自縄自縛なのである。

ただはじめから自縄自縛であったわけではない。小さいころの二重束縛が原因であろう。小さいころ親から言語的に要求されたことと非言語的に要求されたことが矛盾していた。親子という逃れられない関係の中で、常に矛盾した要求を突きつけられて彼らは苦しんだのである。

たとえば「おまえの好きなようにしていいんだぞ」と口ではいいながら、顔の表情や前後の雰囲気で、どちらを選択するかを命令している。

二重束縛というとよくあげられる例がある。

部屋に入ってきた子供に親が「疲れているんだから早く寝なさい」という。子供は疲れていない。親の真意は「部屋をでていきなさい」ということである。

しかし親は心の底にある自分の真の感情に目を背けている。

子供は親の心の底の真の感情に気づくことを禁じられている。親は子供にそのように思われたくない。

他方、子供は本当は疲れていない。しかし「疲れていないから寝ない」といったのでは親の心の底の要求に背くことになる。そこで子供は罰を逃れるために、「自分は疲れているのだから寝よう」と思わざるを得ない。

子供は真の自分にも、真の相手にも気づくことを禁じられて育つ。

言語的には「疲れているのだから寝なさい」というのは愛情の言葉に聞こえるが、

非言語的には拒絶の言葉である。

抑圧の強い親はどうしても子供を二重束縛して育てがちである。それが親にとって心理的にはもっとも楽な生き方であるからだ。実際の親とは違うように親を見ることを子供に期待しているのである。

親自身が心の底に実際にある自分の感情に目を背けている。実際の親は卑怯である。しかし親はそれを認められない。子供には勇気のある人と思われたくて、そう思うことを要求する。

子供は本当は、心の底で親の真の姿に気づいている。しかし親を恐れて、親を勇気ある人と思いこむ。子供は相手の真の姿に気づきながら、それを意識できない。

子供は自分についても、相手についても真の姿を意識できない。

つまり完全にコミュニケーション能力を失う。

このようにして育った人が大人になって近い人と接したとき、自分の真の感情に一体化できないのは当然であろう。

大人になって近い人と接すると、昔の古い感情を再体験することになる。実際の自分の感情に気づくことを禁じられて育ったときの混沌とした内づらが、条件反射のようによみがえるのである。

大人になって自分の前にいる近い人は、昔のように自分を二重束縛してはいないのに、そう感じてしまうのである。

結果として相手の意図とは関係なく、暗い混沌とした内づらが自分の中に広がる。幼いころから自己欺瞞《ぎまん》を強制されて生きてきたことで、自分の感情が自分にもわからなくなっている。

役割で接する外側の人に対しては、親とのあいだにかわされた暗い混沌とした感情の再体験がないから、感情は比較的明快である。


内づらのわるい人というのは、内の人に不機嫌だからといってその人たちと離れていくことができない。それはあくまでも心理的にはその人たちに依存しているからである。自分が心理的に依存しながらも、その依存の対象が自分の心を重く暗くする。その人といるといつも不機嫌なくせに、その人と別れるということができない。

内づらがわるく、不機嫌というのは、どうも一つのことだけで説明できるような単純なものでもなさそうである。

依存心が強くて相手に両価的になっているなどというのもその一つであるが、不機嫌の原因のすべてではなさそうである。

一人で生きられる人というのは、内側の人であろうと外側の人であろうと、自分の感情を明快にしておくことができるのであろう。自分の真の感情を不機嫌な人のように隠す必要がない。

一人で生きられるということは昔の古い家の感情からも解放されているので、その再体験ということもない。

一人で生きられる人間は、相手に攻撃性を感じればそれを表現することができる。ところが依存心の強い人間は、攻撃性を感じてもその相手の保護を必要としているだけに、攻撃性を恐怖で抑える。せいぜいすねるぐらいである。

心理的に保護を求める相手に攻撃性を感じるという両価性は、人を不機嫌にするであろう。心理的に保護を求めているから攻撃性を表現できない。攻撃性があるから素直に好意を求めていけない。

このような両価性のもとでは、自分と相手がからまってしまったような感じを持つとしても不思議ではない。

よく「間」をとるとか「間」がとれないなどという。両価的で相手とからまってしまうことが「間」がとれないということであろう。

そしてそれは同時に自己の個別化がなされていないということでもある。

依存心があると間がとれない。間がとれないということは相手を対象化できないということであるから、相手に明快な感情を抱くことができない。

内づらのわるい不機嫌な人は、内側の人間に実際の自分を知られることを拒否しようとする。攻撃性があるものの、保護を求めている以上は、その攻撃性を知られたくない。保護を求めているからといって、攻撃性がある以上保護を求めていることを知られたくない。

そうなると一人不機嫌に押し黙るしかなくなってくるのである。自分で自分をもてあまし、どうにもできなくなっているのが不機嫌な人である。

なぜ「会社では別人」となるのか？ それは、会社では役割関係の中での自分の立場がある。家庭とはちがって自分の立場が明確である。したがって、とたんに自分で自分を持てあます不愉快さはなくなる。霧が晴れて、心は見渡すかぎり晴れている。

◉口では「行け」、心では「行くな」

自閉児の特徴について、パニックというのがある。

「自分のしたいことが妨げられたとき、あるいは自分の要求が通らないときに行動が荒れてくる。これは誰でもそうだといえばそういうこともできる。しかし、自閉児のばあい、特徴的なのは、相手に向かった行動にならないということである。ここでも自我が統一されていないことが指摘できる」（『自閉症』玉井収介著・講談社刊）

さて、それでは彼らはなぜふつうの人と違って、自分の行動を妨害する相手に向かっていかないのだろうか。

私はここでも二重束縛が問題なのだと思う。二重束縛というのは、「行け」という命令と、「行くな」という命令が同時に下されることである。言語的には行けといい、顔の表情や音声、つまり、非言語的には行くなというようなことをいつもされていたのでは、子供は何もできなくなってしまう。

自閉児が本を読んでいる。ある子がその本をとりあげる。するともがく。しかし「イライラは彼の中にだけあるのであって、とり返しにいくという行動にはならない」(『自閉症』より)のである。自分の内にあるものを外に表現することを長らく禁じられていれば、たいていの人は自閉的になってしまうのではないだろうか。

つまり自分の内にある感情を表現しなさいと言葉ではいわれても、実際には、つまり非言語的には禁じられている。素直に表現すれば怒られる、そんな環境にあったら、「おかしくなるな」というほうが無理な気がする。

イライラの原因は二重束縛した親である。

しかしそんなとき、親を正しく認知すれば罰せられる。罰を逃れるためには、イライラの原因をつくったのは誰であるかを認知しないことである。そのように心が習慣づけられてきてしまっている。

つまりものごとを正しく認知することを禁じられてきた。そのことで彼らはコミュニケーション能力を失った。

私は自閉症の子のパニックと、内づらのわるさの不機嫌な人のあいだには共通するものがあるような気がする。自閉症の子がイライラを相手に向けられずに身もだえしているのと、内づらのわるい不機嫌な人が不愉快さをどうすることもできず、身をもてあまして黙りこんでしまっているのとは、程度が違うだけではなかろうか。

内づらのわるい不機嫌な人は、自閉症の子とちがって、たしかに最も身近な内側の人間に不機嫌になっているのである。それだけにある不快感を相手に向けている。しかしそれは敵意とか攻撃性とかいうものではない。

やはり不機嫌というのは表現されることを拒否した感情なのである。

自閉症の子も自分と相手という関係が成立していない。自己の個別化ができていない。自我の確立がない。

自他の関係が成立する条件の一つには、あるおもしろくないことの原因が自分にあるのか、相手にあるのかがはっきりわかっていることがあげられる。

小さな子供がよくむずかる。ぐずる。そんなとき母親は手をやく。子供はそのおもしろくないことの原因が自分にあるのではなく母親にあると思って母親を叩く。こういう子は自我境界ができていないので当然自他の関係もできていない。

依存性と攻撃性は同じコインの裏表だといっても、それは自我境界のできている人間の攻撃性とは違う。

依存心の強い小さな子がわがままをいって母親を手こずらせ、母親がいいなりにならないと母親を叩くのももちろん攻撃性である。しかしこれは母親を打倒しようということではない。母親からより多くの関心を引きだそうとして母親を攻撃しているものである。

ある内づらがわるくて外づらがよい親に苦しめられた人の話である。

父親は家族をよく嘲笑していた。行動のことについてのときもあれば、性質についてのこともあった。

子供のことを、「ケチ、臆病、字が汚い、スタイルがわるい、足が遅い」と口汚くののしった。

「私は父親のいうことに唱和していた」

テレビを見ても父親と一緒になって嘲笑していた。

会社で偉くなった。

不機嫌がひどくなった。

部屋が汚い、片づけろ、こんなに汚くても平気なのか。

母親が離婚を申し出ると、急に弱くなった。
父親の外づらは、「超」がつくほど「よい人」であり、まじめな人、やさしい人。
しかし近所の悪口を二、三時間もいいつづける。

ここで注目すべきは「会社で偉くなった。不機嫌がひどくなった」という部分である。会社で偉くなって、社会我がより立派になり、中心我の脆弱さを、外ではより補強することができるようになった。

しかしそれにもかかわらず、中心我は致命的に弱くなっている。もはや自分を自分として感じられなくなったのだろう。自我の確認が自分の中ではできなくなった。

社会我はどんなに強固になっても、中心我の脆弱さを守れない。

そして圧迫を感じる。仕事の成功によって人間関係の失敗を保証しようとすると行き詰まる。[1]

◉「ゆがんだビリーフ」にサヨナラする

内づらのわるい人の不機嫌の原因についてはいろいろと書いてきたが、さらに次のようなことも考えられる。

人間にとってはじめの内づらは家族に対してである。そこで家族というものをどのようなものとして教えこまれてきたか、ということが重大になってくる。

つまり人間は、外側の人間に対してはより内側における感情規制が強く、もっとも身近な内側の人間に対しては、より多くの「こうあるべき」という考え方を持っている可能性がある。

今こうあるべきという考え方を「ビリーフ」と呼んでおく。

たとえば、内側の人とは仲よくなければならぬ。兄弟では喧嘩をしてはならない。内側の人の要求に対しては決してノーといってはならない。お互いにこれ以上の人はいないのだからあらゆる摩擦は避けなければならない。いや、親子兄弟のあいだで摩擦などあるはずがない。

いろいろなビリーフがある。このビリーフによって人は自分を縛っている。これらのビリーフが事実にもとづいているのならよいが、かなりゆがんだビリーフもある。

そして人は、ゆがんだビリーフに縛られることで悩み苦しむ。

親子兄弟のあいだで摩擦などあろうはずがない、などというのは事実に反するビリーフである。ところがこのビリーフに縛られた人は、摩擦があっても攻撃性を親兄弟の中で外にあらわすことはできない。摩擦を意識の上で感じることすらできないかもしれない。無意識へと抑圧するしかない。意識してもゆがんだビリーフに縛られて攻撃性は外には表現されない。

そのような人は内に憎しみを持ちつつ、どうすることもできない。外の人に対してなら、家族そろっていっせいに軽蔑の合唱などすればよいが、内側同士ではそれができない。

また、外の人に対しても家の者は同じ感情を持つべきだ、持ってあたり前だ、家族とはそういうものだというゆがんだビリーフもある。このようなゆがんだビリーフのもとに内に憎しみを秘めて成長する人がいる。大人になってから、実際に接する内側の人間が代わっても内に対してのビリーフは変わらない。

内づらのわるい不機嫌な人間というのは、小さいころの内側の人間についてのゆがんだビリーフを、大人になっても持ちつづけている。

親子兄弟、夫婦、恋人、それぞれ内側の人間同士で要求をぶつけあい、ノーといいあってもいいわけである。そのようにしてしか人間は心のふれあう人間関係はできない。人間はお互い同士一〇〇パーセント都合よくできてはいない。

ところがこのような事実に反するビリーフは現実には多い。私も事実に反するビリーフに苦しめられつづけた一人である。家族以上によいものはない。このビリーフは私が生きていく上で疑うことを固く禁じられたものであった。

私が生まれた家で育ててもらうためには、このビリーフを、水が上から下に流れることより間違いないと信じることが第一の条件であった。

ある日、私が友人と夜の街で飲んでいたときのことである。その友人が街の大勢の人を見て、「家に帰りたくない人がいっぱい」といった。

それは私にとって腰の抜けるほどの驚きであった。

皆が帰りたいところ、それが家である。それは私のビリーフであった。家に帰りたくない人は「わるい人」なのである。「家ほどいいところはない」、これを耳にタコができるくらいでは追いつかないほど、いつも聞かされて育った私である。

私も、そんなことを愉快そうにいう友人と夜の街で飲んでいるぐらいだから、かなり解放はされていたが、驚きを感じたということは、心の底にはやはりまだそのビリーフが残っていたということなのであろう。

さて内づらのわるい不機嫌な人というのは、内側の人に向かったとき、このゆがんだビリーフに縛られている。実際の自分の感じ方と、その感じ方を許さないビリーフのあいだでもだえているのが内づらのわるい不機嫌な人である。

◎ふさがったままの「感情の出口」

先に自閉症のパニックについて触れた。足をばたつかせて騒ぐけれども、怒りの向けどころがない。誰に怒りを向けてよいのかわからない。私にいわせれば、そういう人は怖くて誰にも怒りを向けられない。

自閉児についてパニックの他に自傷行為というものがある。もちろん自傷行為は自閉児にかぎらない。

なぜ自分の身を噛んだり、頭を叩いたりするのだろうか。私はやはり怒りの向けどころがないというのが一つの原因であるからだと思う。怒りを外に向ける心の通路ができていないのである。

うつ病の治療でも攻撃性の解放というものがある。

攻撃性を外にあらわせないで病んでしまった人は案外多いのではないだろうか。その程度にはいろいろと差があるだろう。

内づらのわるい不機嫌な人などというのは、比較的その程度の少ない人ではある。

人間のエネルギーは何か外の対象に向かうのが正常なのであるが、それが内に向かってしまう人がいる。心の葛藤でエネルギーを使いはたす人もいる。自傷行為でエネルギーを使いはたす人もいるだろう。

オリンピックの選手などを見ていると、闘志をむきだしにして相手にいどんでいく人もいるのに、どうしてある人々はそのエネルギーを外にだせないのだろうと思う。

その原因はいろいろとあろう。先に述べた二重束縛などもその一つであろう。

さらに保護と迎合の関係の中で成長してきた者などは、受け身が身についてしまっているだろう。支配・被支配の中で自分の素直な感情やエネルギーを外にあらわせない人間になってしまっている人もいよう。

肉体に習慣があるように心にも習慣がある。内づらのわるい不機嫌な人というのは、もっとも身近な内側の人に接すると自分の感情やエネルギーの出口を失ってしまう。感情がないのではなく、感情を誘発されながら、それをみずから禁じるという矛盾におちいってしまう。

内づらがわるい人間も、外の社会においては、それなりに感情の出口を持つ。外の社会においては自分の位置も役割も、それにふさわしい感情表現の手段もある。

しかし相手が外側から内側の人間へと移るに従って、自我の確立のもろさ、個性化の未完成、自我境界の不鮮明さが問題になってくる。

内側の人間になればなるほど、相手と向きあったときに自己が自己でなくなり、自己の感情は宙に浮いてくる。

「気持ちがふさいでしまう」ということをよくいう。〝ふさぐ〟という表現がそれをよくあらわしている。感情やエネルギーがないのではない。ただその出口がなぜか

〝ふさがれて〟しまうのである。

感情やエネルギーはあくまでも「自己」から他者へとでていくのである。その自他の関係ができていなければ、感情はでようがない。自己と他者との分離と個性化ができていてはじめて、自己から他者への感情の出口ができる。

内づらのわるい不機嫌な人が、内側の人に接して気持ちが〝ふさがれて〟しまうのは、外側の人に対しては保持できていた「役割という自己の個別化」がくずれてしまうということであろう。

いずれにしろ、気が〝ふさぐ〟ということは、どこまでが自己でどこからが他者であるかわからないで、ただ未分化につながっているということである。

「うっ屈してしまう」というようなこともよくいわれる。彼の気持ちは〝うっ屈〟している、どうも気持ちが〝うっ屈〟してしまって、などという。

うっ屈の〝うっ〟はうつ病の〝うつ〟である。屈は〝折れ曲る〟ことである。気持ちが外へ向いていきながら、相手に直接向かわないでどこかで折れ曲ってしまうというのが〝うっ屈〟しているということであろう。

自己の内から出口を通って他者へ向かって気持ちがでていかないで、どこかで折れ曲ってしまう。

そしてどこまで行っても他者に行きつかない。どこまで行っても自己であり、しかも自己の内に他者がいる。

夢でいえば、行きつくはずの場所にどうしても行けない夢を見る人である。どう考えても行けるはずなのに、なぜかそこに行きつけない。

他者性をおびた自己だから、気持ちが〝うっ屈〟してしまうのである。先に述べた「自己の他者化」である。

自己が他者化しているから、行きつけるはずのところに行けない夢を見るのである。よく知っているところだから行こうと思って行けないはずがないのに、行けない。

血族の関係ほど重苦しく不快きわまるものはないなどといわれるのも、血族の関係ほど自己が自己自身として成立しにくいものはないからであろう。

自己の個別化がまったく行なわれていない人にとって、血族の関係ほど重苦しいものはない。一方、自己の個別化が完成している者にとっては、血族は、もっとも身近な人であり心の支えである。

◉あの大作家、永井荷風も自分をもてあました

関係が内に来れば来るほど、他者から分離された自己自身を経験することはむずかしくなる。自己の個別化が達成されることで間《ま》が生まれてくる。

私は内づらのわるい人の不機嫌を考えるとき、山崎正和の『不機嫌の時代』（新潮社刊）をよく読む。『不機嫌の時代』に永井荷風のことが書かれている。永井荷風の女性遍歴は有名である。

「三十代の初めから次々と芸妓になじんではときに妾《めかけ》として日常をともにすることもあった。ところが興味深いことに、女といったん永続的な関係を持つと、それにたいする彼の態度はあたかも旧道徳の権化にも似たものであったらしい」（『不機嫌の時代』より）

荷風は内心のやりきれなさを芸妓とのつきあいで晴らしていたのであろう。そしてここで大切なのは、芸妓が芸妓であるかぎり彼が不機嫌にならなかったことである。

彼は芸妓に対しては自己の個別性を守れた。

芸妓はあくまでも外側の人間である。外側の人間であるから芸妓と彼とのあいだには間がある。芸妓は役割的他者として、彼の役割的自己とつきあっている。お互いに役割的自己として対峙《たいじ》することができる。

彼の周囲には役割をはじめとしていろいろな防御壁が構築されている。その防御壁を通して彼は芸妓と対決できる。芸妓は彼の内づらにまでかかわってこない。

ところが、この芸妓がいったんもっとも身近な内側の人間になったとたん、彼はこの芸妓と、「自己と他者として」対峙することができない。彼の精神はそれだけ強いものではない。

いったん結婚した芸妓に対しては防御壁がない。結婚するということは、この芸妓が壁の内側に来てしまったということである。

彼と正式に結婚した芸妓、八重次《やえじ》の手紙に次のようなものがあった。

「女房は下女と同じでよい。『どれい』である。外へ出たがるのはぜいたくだとあたまっから仰せられ候」(『不機嫌の時代』より)

この手紙を読むと、荷風が必死になって戦っていることがにじみでている。もはや正式に結婚してしまった八重次に対して、自分の感情がどうにも維持できなくなってしまっている。

彼は自分で自分をもてあまし、自分の感情をもてあまし、不快で重苦しくてどうにもならなくなっている。そして必死になって、八重次との関係を整理しようとしている。彼女を女房と思ったのでは彼の自己性は破綻《はたん》する。自分が自分でなくなり、霧のようにつかみどころのない自己になってしまう。暗く汚いどろどろした世界に自己はずぶずぶと拡散していってしまう。

そこでその感情の重苦しさから解放されようと必死になって「どれい」とか「下女」とかいう。どれいも下女も外側の人間である。壁の内側にいる人間を、必死になって壁の外側の人間だと思いこもうとしても、感情がついていくわけがない。

要するに永井荷風はひと言でいえば、共同体の中では生きられないが、機能集団の中では生きられるということである。家庭では生きられないが、会社では生きられるということである。おそらく彼は結婚して「こんなはずはない」と思っていたのであろう。自分の感情が、どうにも理解不能になってしまった。

先に述べた、夢の話である。こうなるはずなのにこうならない。

今のビジネスマンで、内づらがわるくて外づらがよい人というのは、家でも「家族は部下で、俺を部長として扱えば、機嫌よくしている」ということである。

内づらがわるくて外づらがよい人は、家が家であるかぎり、なかなか不機嫌は直らない。

「とくに不機嫌が、女との交渉が一見『家庭』に似てきたときに現れたことは示唆《しさ》深く……」（『不機嫌の時代』より）

三十代の荷風は、やはりもっとも身近な内側の人間に対し、自他未分離の中で苦しんでいたのであろう。著者の山崎正和によれば、荷風はみずからのこの感情の袋小路に気がついていなかったという。荷風はその原因がわからず七転八倒していたらしい。

本気で反抗し、本気で戦え

「憤懣《ふんまん》やるかたない」のだが、その原因がわからないで苦しんでいる人が日本の男性の中には多い。もちろん女性にもいるし本質的には同じであるが、数としては男性が多いようである。

仕事で忙しい忙しいといいながら、奥さんをほったらかしにして夜の街で飲み歩いている男性は多い。

あるバーの女の子が、「どうして男の人ってこんなところで高いお金をだして飲んでいるんでしょうね。バッグでも奥さんに買ってあげて早く帰ればいいのに」といっていた。

会社の女性や、愛人やクラブの女の子にはいい顔をし、ニコニコしてプレゼントをしながら、奥さんにはプレゼントなどしない。それを「釣った魚にエサはやらない」というような言葉でごまかす。

しかし実はそうではない。自分の内側の人になったとたん、その人に対して感情がデッド・エンドに突きあたってしまうのである。感情の出口がわからなくなり、自分が自分でなくなり、どう生きてよいかわからない。

外側の女性に対するような明快な感情を抱けなくなってしまう。

解説しか読まなかったが、あるテレビドラマで中年夫婦の心理を描いたものがあった。解説によると中年夫婦の心理がよく描かれているという。しかし何のことはない。

夫が妻をうっとうしいと感じているだけのことなのである。

中年の夫婦の心理ではなく、大人になっても自己の個別化がなされていない人々の一般的心理である。

日本の男性には、自分が育ってきた家に対してはっきりとした感情の整理ができていない人が多い。明快な憎悪も明快な愛情もなく、愛憎両立している反抗期の青年のような未成熟なところがある。

家族への感情が出口を失い、「人間最後は一人」などといっている作家がいるが、そういう人がそうである。身近な人に対する明快な感情を失って、どう生きてよいかわからないで最後の悲鳴が、「人間最後は一人」と叫んでいるのだ。

人間にとってはじめての内側である家に対して、両価的な屈折した感情を整理できないかぎり、いつになっても内づらのわるい不機嫌は直らない。

内づらという言葉を内面《ないめん》と書くことはみごとである。「内づら」がわるいとは、その人の「内づら」が不快で屈折しているということである。「内づら」が情緒的に成熟していないということである。「内づら」が情緒的に未成熟なのに、結婚してしまい、親になってしまったら、人生は地獄である。

荷風も芸妓と遊ぶことが家に対する反抗であったようだが、何とも幼稚で、三十代になっても心理的に一人前の男とはとてもいえない感じである。

人間はおそらく本気で反抗するならば、その反抗を通して自我境界が鮮明になってくるのであろう。その本気の反抗を通して自我は確立され、自他の対峙、自分と他人との関係も成立してくる。

そうした意味で日本の、内づらがわるくて外づらがよい男性は本気で家に反抗したことがない。自分を所有した家と本気で戦い憎悪したことはない。

いつまでも二重束縛から逃れることができず、憎悪しつつもどこかに憎悪に対する罪責感があるのではないか。

生まれて以来拒否されつつ、その拒否されていることを感じることすら禁止された。憎悪しようにも、その憎悪に心の底のどこかで罪責感がある。

多くの人々は中途半端の反抗をして、疑似成長し、結果として自分の内側に入ってくる人間に対してうっとうしさを感じるようになっている。

内づらのわるい不機嫌な人は、おそらく家を憎悪したことはあったのかもしれないが、そのときでも、家の人によく思ってもらいたいという感情が心の底に残っていたのではないだろうか。

憎悪しつつも、やはり愛情を求めているという幼稚な青年の反抗期を何となく過ぎて、社会的には大人になってしまった。だが残念ながら心理的にはまだ子供なのである。

本気で憎悪するということは、自分を所有し支配した家から情けをかけてもらうことを願う気持ちはひとかけらもない、ということである。そうでなければそれは憎悪ではなく「すねている」ということである。

すねていたのではいつになっても自我の確立はない。いつになっても自他は未分離のままで自我の個性化はない。

自分を所有した家を本気で憎悪した者だけが、他者に明快な愛情を抱くことができるのである。

そしてその本気の憎悪を通して、本当の許しに到達できる。

〝中途半端〟がいちばんよくない

中途半端は精神によくない。これはアメリカの心理学者デヴィッド・シーベリーが基本にしている考え方の一つである。

偽相互性のもとに保たれた自分の生家を憎悪し、その家を捨てきれた者だけが、他者を愛することができる。偽相互性のもとに保たれた自分の生家に中途半端な感情を持つ者は、結局大人になってから、内側の世界に入ってきた人間に対して愛憎半ばする感情の袋小路に陥ってしまう。

甘えているし、依存心が強いから、うっとうしいと思いつつ離れられない。うっとうしいと思いつつ嫌われたくない。

家庭内離婚という言葉がある。このような人たちの何割かは、今述べたような感情の袋小路の世界で生きている人々ではないだろうか。

「……荷風は生涯、女を玩賞することはあってもそれを愛することはできない人であった。女に対する彼の感情にはどこか生命的な気力が欠けているのであるが、それはおそらく、彼が生家に対して明快な愛情も明快な憎悪もともに持てなかったことの照り返しなのである」（『不機嫌の時代』より）

この考え方に私はまったく賛成である。私たちの中には情緒的に成熟した両親のもとで健全に育つことのできた人もいる。しかしそれはまったくの運であって、自分で選べるものではない。

しかし人間の偉大さは、情緒的に未成熟な両親のもとに生まれ育っても、自我の形成ができるということにある。その条件が、生家に対する感情をごまかさないということである。

生家に対する感情をごまかすと、自我の基盤がなくなってしまう。生家に対する感情をごまかして、「女房と畳は新しいほどよい」とか「釣った魚にエサはやらない」などと神経症的なことをいいつづけて生きる人もいる。

もっとも身近な内側の人との関係が両価的であるかぎり、その人は外側でどのような人にめぐり会い、どのような幸運にめぐり会っても、本質的に情緒不安定である。幸せな心の支えとなるような人間関係を持てない。

荷風はどんなに素晴らしい芸妓とめぐり会おうが、彼の心理は本質的に情緒的に不安定である。外側でどんな幸運に見まわれようと、「出口なし」という状況が変わるわけではない。

生家に対する感情をごまかす人は、基礎工事をせずにビルをつくっているようなものである。立派なビルの最上階に大きなフロアーがあるが、残念ながら地震つづきの土地の上に立っているようなものであろう。

外側の人とどんなにうまくいっていても、それで内側の人間に対する「やり場のない感情」が消えるわけではない。そこから情緒不安定に一時目を背けることができても、たえず心の一番底には、どぶ川の臭気のように何かただよっているものがある。

そういう人は幸せな結婚生活を送れないか、幸せな結婚そのものができない。

ある男性の話である。結婚もしたい。そして好きな人ができる。

ところが結婚の話になるとすぐに不機嫌になる。とたんに内づらがわるい。

いざ結婚の話になって、それがこわれると「ほっと、安心をする」。

彼は「僕は、本当に好きな女は誰かわからない。好きだかどうかわからない」という。問題は相手の女ではない。彼自身の自我の確認の問題である。

彼は「あなたって魅力的ね」といわれると好きになってしまう。つまり相手の言葉でしか自我の確認ができない。

自分で自分の自我の確認ができない彼は、相手が自分の内側に入ってくると、その自分の気持ちをどうすることもできない。

だから、結婚の話になると、相手との関係で自我の確認が不確かになり、すぐに不機嫌になる。神経が張りつめ、気むずかしくなる。

必死に〝今ここ〟を生きてみよう

内づらのわるい不機嫌な人は、心の底では愛情と受容を求めながらも、親密な関係がわずらわしい。彼らは他人への愛情欲求、一体化願望が満たされていない。それゆえに自他の合体を望むが、同時に個性化を望む。

そして、この心の葛藤ゆえに内側にあたる身近な人に接すると、混乱して自己が自己として体験できなくなってしまう。結果として不安定で、不快な感情におちいってしまう。

彼らは愛情と受容を求めながらも、他方で親密な関係を避けたがる。

なぜか？

おそらく、彼らは母なるものからの完全な自立がなしとげられていないからであろう。女性の場合は父から分離、個別化がされていないのだろう。心理的な親離れが成就されていないことが、親密な関係を避けようとする姿勢となってあらわれる。

親しい内側の人がうっとうしく、不快なのは、親しくなることで親を裏切り、そしてもう親に迎え入れてもらえないのではないかという心配が無意識に働いているからであろう。

不機嫌な内づらの基底にある問題は、親密さへの不快さであり恐れである。そして無意識のうちに親密さは親への裏切りと感じている。彼らにはまだ親が必要なのであろう。

外づらの人とは、彼らにとって「よそ者」なのである。よそ者とどんなに親しくなろうと、相手がよそ者であるかぎり、親への忠誠と衝突することはない。

荷風にとって、芸妓はどこまでいってもよそ者だったにちがいない。しかしいったん正式に結婚したとたん、相手はよそ者ではなくなってしまう。

親に対しては自分をさらけだすことはできない。そして内側の人間に親に対する感情を転位させてしまう。つまり内側の人間には自分をさらけだすことができない。しかしよそ者には自分をさらけだすことができる。

芸妓とはセックスを楽しめても、奥さんとはセックスを楽しめない。

親から離れられない人というのは自分を信用できない人なのである。自分を信用できる自信ができれば、他人と親しい関係を持ちたいという欲求は高まる。

健全な家庭で育った人は、自分を信用できるし、他人と親しい関係を持ちたいという欲求を実感できる。しかし、嫉妬深い家庭などで育つと、とても他人と関係を持つことへの欲求を素直に感じることはできない。またそのような欲求を高めることもできない。

嫉妬深い親というのは、自分の子供との関係では常に他人に脅かされている。子供が他人との交際を楽しむことに脅かされている。子供が他人に親近感を持つことに脅かされている。

子供にはこの親の気持ちが反映する。親離れできない子供は、この親の気持ちを大切にする。嫉妬深い親に育てられると、子供は自分の人間としての立場を失う。立場の喪失は自我の喪失でもある。

親は親の立場で、子供は子供の立場で親子の関係を結べないのが嫉妬深い親子関係である。よそ者がよそ者であるかぎり親は脅かされない。だから内づらのわるい不機嫌な人も、外側の人に対しては接近を妨害するものを心の中に持っていない。

嫉妬深い親が子供に望む世界観はどういうものであろうか。

それはすべての他者をよそ者として排除しておく世界観である。子供が、結婚し配偶者と親しくなることは望まれないし、親しく生活するという人生観は望まれない世界観なのである。

実際の顔と顔を合わせる相談や、ラジオでテレフォン人生相談をしていると、多くの奥さんから次のような相談がある。

「夫は私か母親のどちらかを選ぶなら母親を選ぶといいます」

自分の奥さんと親しくなることは、母親との関係を脅かすものではまったくない、ということが、これらの人にはどうしてもわからない。残念ながら彼らは嫉妬深い母親に育てられたのであろう。

　自分の考え方はおかしいと頭ではわかっていても気持ちの上でどうしようもない。それが内づらのわるい不機嫌な人なのであろう。

　内づらのわるい不機嫌な人は嫉妬深い親に負けてしまっているのである。嫉妬深い親から心理的にどうしても離れられないでいるのが、内づらのわるい不機嫌な人なのである。ことに嫉妬深い親に猫かわいがりされた子供は悲劇である。

　多少極端な例であるが、ある内づらのわるい不機嫌に苦しむ男性が話をしてくれた。小さいころからの話である。

悩みや苦しみは、現実から逃避していれば、母親が助けてくれた。

小学校でも中学校でも、ほとんど努力しなくてもよかった。

母親は、自分が成績わるくても、陰で先生に贈り物をしてくれる。

僕の友達を家に呼んでもてなしてくれる。

母親の温かい羽の下で安心して暮らせる。

母親と性的な話になると緊張する。そういう話は避ける。

今まで書いてきたことの他に、回避依存症といわれるものがある。

過干渉の親に育てられた人である。アルコール依存症の人がアルコールを飲まないではいられないように、回避依存症の人は、近くなるとその人を回避しないではいられない。

「わが家の者はいちばんであり、他の人びとは愚かである」(2)

彼には、親密さが家族への裏切りのように思えた。

「よそ者」と親密になることに対する恐れにはいくつかある。

1 人びとに嫌われるのではないかという恐れ
2 人びとと親しくなることで家族を裏切るのではないかという不安
3 もう家族に迎え入れてもらえないのではないかという心配

そういう人は、とりあえずアルコール依存症（alcoholism）や性交渉（sexual affairs）で、現実から目を背けることがある。空しさを避けるための sexual affairs

である。

実存的空白で欲望は肥大化する。

無理をして過剰に適応した人は口唇欲求のような欲求を排斥しながら、意識的に自分の人格をつくっていく。欲求は意識からは分離されても、その人の心の底にある。意識的につくられている人格とは融合することなく、分離されて心の底で満足させられることを待っている。

内づらが、その分離されて心の底で満足されることを待っている欲求不満を表現している。外づらが、意識的につくられている自分の人格である。

この二つが融合していないのが、内づらがわるくて外づらがよい人の心である。

家ではreal self（本来の自分）である。家での姿が、本当のその人である。

外では疑似自己である。本当の自己を隠して、人に見せるための自己を演じている。

こういう人は、とにかく人に認めてもらいたい。無意識の領域で本人が受け入れてもらいたいのは「実際の自分」のほうである。つまり幼児的願望を持った自分、ダメな自分である。

そして疑似自己と、「実際の自分」との乖離が不安を生む。意識と無意識の乖離である。その不安を解消しようとして、外ではいよいよ立派な自分を演じなければならない。とにかく認められたいからがんばる。すると、人に見せるための「疑似自己」と、「実際の自分」との乖離がいよいよ深刻になる。

社会的に立派な疑似自己と、「実際の自分」との乖離がいよいよ広がってしまう。

つまり不安はいよいよ深刻になる。

たとえば、大企業の役員をやめて家に戻ったときには、もうその乖離は埋めようがなくなっている。「実際の自分」の欲求は何も満たされていない。欲求不満は深刻である。そして実は、自分は心理的にいえば立派でも何でもない。情緒的成熟に挫折している。心の底では憂うつである。

ところがどんなに無意識の領域で憂うつに苦しめられても、その人は「本来の自分」「実際の自分」を認められない。自分は外では「実際の自分」を隠して無理をしていたということを認められない。

しかし実はある視点から見れば、立派なのである。その人が、たとえ疑似自己であったとしても、「そこまでがんばった」ということは間違いない。しかし仮面をかぶりつづけて生きていたということも事実である。

そこで「私の人生は、そういう人生だった」と認めれば道はひらける。「これ以外に自分の生き方はなかったのだ」ということを受け入れれば道はひらける。

幼いころに、ありのままの自分を受け入れてもらえなかったことが悲劇のはじまりであった。

私はありのままの自分を受け入れてもらえないままにがんばった。「私は疑似自己のままで生きてきたのだ」と認める。

まさにこれがアイデンティティーの確立のときである。それは自分の運命を受け入れて、社会の中の自分の位置がわかったときである。

自分だって、もし違った人間関係の中に生まれていたら、疑似自己としてがんばらなくてもよかったかもしれないのである。

しかし自分の運命は違った。自分は生き延びるためには疑似自己として生きる以外に方法はなかった。

もしその人が本当にがんばって生きてきたのであれば、「私にはこれ以外の人生は考えられなかった」と思える。

そのときが、その人にとって人生のコペルニクス的転回のときである。「私には私の人生がある」と、自分の人生を受け入れたときに、今までの自分の人生がよく見えてくる。偽りの自分としてがんばった人生が見えてくる。虚勢に苦しんだ自分の人生が見えてくる。

そして疑似自己として生きた時代をも含めて、「これが自分の人生だ」と受けいれられる。

がんばって生きてくれれば、今の職業は自分には適していないなと気がついても、「私にはこれ以外の職業は考えられなかった」と感じる。

「私にはこれ以外の職業は考えられなかった」と感じる人には、いろいろなタイプがあるだろう。はじめの職業が自分には適していない商売で、最後まで商売人として生きた人もいるだろう。

あるいは職業を転々として、いくつ変わったかわからないという人もいるだろう。

外側から見ればいろいろとちがった人生である。しかし必死で生きてきた人は、最後には、「私にはこれ以外の職業遍歴は考えられなかった」と感じるにちがいない。

そう感じない人は、手抜きして生きてきた人である。手抜きして生きてきた人は、たとえ社会的に成功しても、「私にはこれ以外の職業は考えられなかった」と感じることはない。アイデンティティーの確立はない。

つまり「私にはこれ以外の職業は考えられなかった」と感じる人は、一切の職業的劣等感から解放される。

私はアメリカのマサチューセッツ州のコンコルドの刑務所に入って調査したときのことを思いだす。私が調査に行ったときには、そこには武装強盗の人たちが入っていた。

刑務所の中で話をしたときの、ある若者である。「俺はブラック（黒人）だ、教育も受けていない。親父は、俺が小さいころ、女をつくって家からでていった。俺に、盗む以外にどう生きろというのだ」といった。

そして彼は「俺には、盗むことはわるくない」と主張した。要するに「俺に生きる権利があるというなら」ということである。

4章

人は「素顔《ありのまま》」のあなたを好きになる

◉「イライラ」が消えていく最重要ポイント

すでに内づらがわるくて外づらがよい人は、神経症、対人恐怖症など、さまざまな心理的病を背後に持っていることを書いてきた。最後に攻撃性の置き換えと、ナルシシズム、シャイ、非生産的構えとの関連について書いておきたい。

内づらがわるくて外づらがよい人から、心理的健康な人に成長するためには、さらにいくつか注意しなければならないことがある。

◇攻撃性の置き換え

「外で子羊、家で狼」の人には、裏にさまざまな心理があるが、その一つは「攻撃性の置き換え」である。

攻撃性の置き換えとは、本来攻撃性を向けるべき対象を恐れて、自分にとって危険のない対象に攻撃性を向けることである。

「母親を叩きたい少女は、そのかわりにいつも兄の欠点を見つける」（ジョージ・ウエインバーグ）

「外づらがよくて、内づらがわるい夫」も、ときに同じで「上司や同僚を叩きたい夫は、そのかわり妻につらく当たります」。

外では気が弱くて自己主張ひとつできないくせに、家では凶暴な夫になる。

彼は自分の父親を憎んでいるか、母親を憎んでいるか、それとも友達を憎んでいる。しかしいずれの人にしても、その人への怒りを自覚するのが怖い。そこで自分を見捨てない配偶者にその怒りを置き換える。

そして家で狼になる人は、本当は自分がわるいのに、「家の者がけしからん」と思っている。そこが恐ろしいところである。

外で極端な自己犠牲タイプの夫が、ひとたび奥さんに対すると、極端な攻撃的自己主張型に変わる。

敵意や怒りを自覚するのはそう誰にでもできるというものではない。自分が自分にとって頼りないという人には、敵意や怒りを自覚することは困難である。

法学者であり政治学者であり偉大なモラリストであるカール・ヒルティーは「他な

らぬ大声の非難や嘲笑の中には、内心の動揺に対して自己を守ろうとする意図しかないことがしばしばある」[1]と述べている。

ヒルティーは、一般的な話をしているのであろうが、これは内づらがわるくて外づらがよい夫にも当てはまる心理過程である。


なんで外ではやたらと人にペコペコと迎合するのに、いったん家に帰るとあそこまで横暴になるのかという疑問を持つ妻は多い。もちろんときには夫と妻が逆のパターンもある。ただ心理過程は同じである。

「私は三十六歳で主人と私の母と娘（中一）と暮らしていますが、家族の者が私の思いどおりにならないととても腹が立つのです。たとえば私がどこかへ行こうというと、ウン行こう‼　とすぐ賛成しないと気に入りません。また家族の者が人に対して私の思うように接してくれないと腹が立ちます。主人に対しても完璧を求めてイライラします。

　そのくせ自分は他人の目ばかりが気になります。相手の何気ないしぐさで、その人の思っていることを自分なりに解釈してしまうのです。そして相手に合わせるばかりなので人と会うとすごく疲れます」

昔から内弁慶をあらわす言葉があったが、これはどちらかというと子供についていっている。「外で子羊、家で狼」という夫や子供の言動は、外化という心理的課題で説明できる。外化とは心の中で起きていることを、外で起きていると思うことである。

精神分析学者のカレン・ホルナイによると、自分に対する怒りはまず第一にイライラとなってあらわれる。

第二がおびえや増大する従順であり、第三が体の不調である(2)。

内づらがわるくて外づらがよい夫は、「外」では第二の特徴のおびえがあらわれ、「家」では第一の特徴のイライラがあらわれているのである。

家では怒りが外に向かってあらわれ、いつもイライラしている。外では、自分の弱点が相手を怒らせるのではないかと恐れて、いつもビクビクしている。他人が自分に怒っていると感じる。そして何でもかんでも相手のいうことに「そう、そう」といって迎合していく。

従順な子羊になることで相手の怒りから自分を守ろうとする。

狼も子羊も《自分へ向けられた怒り》の外化という同じコインの表と裏なのである。

イライラが家での狼の心理状態で、増大する従順が外での心理状態である。

家で狼になるのは、そうなることで心の葛藤を解決しようとしているのである。そして同時に「外で子羊」も、子羊になることで心の葛藤を解決しようとしている。狼と子羊は症状としては反対であるが、本質は心の葛藤という同じ心理状態である。

自分が自分の欠点に怒っているように、他人も自分の欠点を怒っていると思う。

自分が自分に課した基準を他人も自分に課していると思う。小さいころは本当にすごい基準を課せられていた。

父親が自分に高すぎる基準を課した。大人になっても他人は同じように自分に高すぎる基準を課すと思う。そこで他人を恐れる。その結果が増大する従順である。

小さいころから権威主義的親をはじめ周囲の人への敵意を抑圧したことで、同僚のいいなりになっていた。主張すべきことを主張できなかった。自分の権利を守れなかった。そのおかげで、権威主義的な上司に気に入られて出世できて「結果としてはよかった」という人も中にはいるかもしれない。

しかしいいなりになったことでいよいよ自分の内づらは弱くなった。そのイライラを戦わない人に向ける。抑圧した敵意を弱者に置き換えていく。それが「家で狼、外で子羊」である。

「親子の役割逆転」という言葉がある。精神科医のジョン・ボールビーのいう概念であるが、親のほうが子供に甘えている心理状態のことである。

その「親子の役割逆転」をする親も、子供に同じ態度で接するわけではない。

たとえば、姉には子羊、弟には狼になる。

しかし「親子の役割逆転」をする親は、迎合している姉を信頼しているのではない。いじめている弟を信頼している。歳をとったときにどちらを頼りにするかといえば、いじめている弟のほうである。

つまり内づらがわるくて外づらがよい人は、外でぺこぺこと迎合しているからといって、そういう外の人たちを信頼しているわけではない。

内づらがわるくて外づらがよい人は、内づらがわるい世界の人たちのほうを頼りにしている。要するに内づらがわるくて外づらがよい人は、意気地なしで卑怯で、身近な人に甘えているのである。

◇ナルシシズム

自分のカムバックの邪魔になるからというので、同棲している女性を殺してしまった歌手が話題になったことがある。

この歌手がカムバックしようとしているとき、同棲している女性と一緒にいると不機嫌になったのではないだろうか。再び華やかな舞台にあこがれる。再び皆からちやほやされたいと願っている。そう願いつつ活動をつづけてファンなどが再び少しずつできてくる。そのファンと会うとき、この女性が一緒に来たらどうなるか。

ファンとの会合に出かけていくのに、この女性と一緒だったらそのあいだ中、この歌手は不機嫌なのではなかろうか。自分の身勝手な欲求にとって、この女性は邪魔なのである。自分のわがままな欲求の満足を妨害しているのがこの女性である。この歌手は欲求不満になる。

ただいかに身勝手な歌手とはいえ、この女性を責めるわけにはいかない。頭ではいくら何でも自分のほうがわるいということぐらいはわかっているだろうから。

ちょうど神経症の原因が甘えたくても甘えられないところにあるように、不機嫌というのも攻撃したくとも攻撃できないところにある。

また一方で心理的にはその人に依存しているという場合もあるだろう。一方でその女性に心理的に依存しているので、その女性といることが精神的に必要でありながら、他方でその女性が自分の身勝手な欲求にとって邪魔になる。

こんな両価的な状態のとき、人は不機嫌になる。

ちょうど高校生が親を心理的に必要としながら、同時に自立への願望もある。依存と独立への葛藤の中で、家がおもしろくなくて、家の中でふてくされているようなものである。

幼い子供でいえば、プーッとふくれながら、お母さんの手を握っている。

ふつうの人は、今述べた歌手のように邪魔になったからといって相手を殺したりすることはない。

しかしこの歌手と同じくらい心理的に幼稚な人というのはいくらでもいる。この歌手と同じように他人からちやほやされたいと願っている人はいくらでもいる。そしてこの心理的に幼稚な歌手と同じように、自分がちやほやされるのに邪魔な存在となる人と一緒にいて不機嫌になっている人もまたいるであろう。

そうすると内づらはどうしてもわるくなってしまう。

ドン・ファンというタイプの男性がいる。Aという女性とつきあったかと思うと今度はBという女性に移り、さらにCへと心を移していく。そしてまもなくDという女性にあこがれはじめる。

そしていつもいろいろな女性にもてていたい。こんなドン・ファンの心理を考えてみると、不機嫌や内づらのわるさというものを理解する一助になるのではないか。

Aという女性に恋をした。しかしBという女性にもあこがれた。そしてAという女性との関係が定着してしまうと、このAという女性はBとの接近に邪魔になる。

こんなとき、ドン・ファンは外づらがよく内づらがわるくなる。

そしてBという女性に対してはどちらかというと内気で謙遜《けんそん》をよそおい、Aという女性に対してはAの立場を無視したような身勝手な欲求を持つ。自己中心的欲求が心の中を支配しはじめる。

エーリッヒ・フロム（新フロイト派の精神分析学者）は、内気と謙遜の背後に人はナルシシズムを隠していることが多いというが、そのとおりであろう。

外づらのよさの背後にナルシシズムを隠している人がいる。その隠されたナルシシズムがあらわれたのが内づらのわるさである。外づらのよさが内づらのわるさに変化したときは、その外づらのよさの背後に隠していたものがあらわれてきたときである。

自分のカムバックに邪魔になるといって同棲中の女性を殺した歌手だって、その女性に接近していくときは、ナルシシズムを自分にも相手の女性にも隠していたであろう。ところが同棲をはじめると、その背後に隠していたものが表面にあらわれてきてしまう。身近な人になってくるとどうしても内にあるものがでてきてしまう。

その内にあるものとは、エゴイズムでありナルシシズムであり、母親固着であり、エゴセントリシティー（自己中心性）である。

前述してきたが、神経症者は、パーソナリティーに矛盾を抱えている。冷酷な利己主義者でありながら、同時に行動はときに極端な非利己主義になる。もちろん本質的には冷酷な利己主義者である。

外づらが極端な非利己主義でありながら、内づらが冷酷な利己主義である。それが「内づらがわるくて外づらがよい人」である。

ナルシシストはほめられたい。立派な人と思ってもらいたい。ナルシシストはほめられることで自分という存在がある。ほめられることで自分の存在感を獲得する。

そこで立派な行動をする。立派な人になる。

仕事で成功する。

行動特性としては立派な人である。

しかしその人の内づらはナルシシズムである。社会的な言動がどうであれ、心はナルシシズムである。だから傷つきやすい。そして傷ついて怒る。怒りを表現できなければ憂うつになる。不機嫌になる。

ナルシシストだから、心は自分さえよければよい。他者には無関心。

その結果、「仕事で成功、人間関係で失敗」といわれる人になる。

「内づらがわるくて外づらがよい」というのも心理的には同じである。外づらのよさは「仕事で成功」の部分である。それがナルシシストの行動特性である。

「内づらがわるくて外づらがよい」は神経症の一つの症状であるが、同時にナルシシストの特徴でもある。

慈善事業をしているような立派な人がいる。そういう人が家で家族に暴力をふるう。

ナチスの幹部のような極悪な人の親が、敬虔なクリスチャンということがある。敬虔なクリスチャンが外づらで、子供に示す内づらはひどかったのだろう。

おそらく彼らの親はナルシシストなのである。子供には関心がない。でも敬虔なクリスチャンだという。

子供の言動が自分の評価の障害になれば子供に怒りがわく。

子供が残虐な大人に成長しても不思議ではない。社会的に大問題を起こすような「よい子」は、親子ともども皆ナルシシストなのである。

ほめられたい。ほめられることで自分という存在を確認している。

つまり親も子供も、心理的に成長することに失敗している。

一口にナルシシズムといっても、ナルシシズムには二種類がある。(3)そう考えないと、いろいろなナルシシズム現象は理解できない。

ナルシシストは賞賛を求める、ほめられることを求める。しかもその特徴は「受け身的に」求めることである。(4)

これはフロムがいう謙遜の裏に傲慢があるということに通じる。ナルシシストは、あからさまに優越や才能を誇示しないが、気づかれないように密かに賞賛を求めている。この種のナルシシストはもっとも質がわるい。あからさまのナルシシストのほうがまだ気分がよい。これを「隠されたナルシシズム」という。

「私なんか、私のような者が」といいながらも、賞賛を求めている。

「私のようなものが」といいながら、しっかりと高い立場を要求する。

男性に対して「私のようなものが」といいながらも、隠れたるメッセージとして結婚を要求し、しっかりと結婚するような女性である。

肉体的精神的ヒポコンドリーに存在するナルシシズムは、見分けにくいが、虚栄心の強い人のナルシシズムも同じである。

自分に対する賞賛を求めるけれど、他者の意見には注意を払わない。そして軽蔑的な無関心を示す[5]。

無関心で「相手にしていない」というよりも、「私は、あなたのような人を相手にしないわ」という侮蔑的な態度の無関心である。

ナルシシストは批判に敏感ということはすでに指摘している。そして隠されたナル

シシズムは特に批判に敏感なのである。(6)

さらに、ナルシシストの問題は、批判でないことさえも批判と受けとってしまうことである。

おそらくナルシシストは心の居場所がないのであろう。どこにいても自分の居場所がない。心がほっとする場所がない。ありのままの自分でいられる場所がない。ナルシシストは自己陶酔しながらも安心して「ありのままの自分」でいる場所がない。ナルシシストはどこにいても自分でない自分を見せていなければならない。

そうした心の居場所がないナルシシストは、おそらく「他者による自分の評価」にしがみついて生きていなければならない。

自分の心が「まわりの人は自分をどう思っているか」ということに占拠されている。自己執着である。

自我の確認が他者に逃避している。

とにかく自分がよく思われることで精一杯。人のことを考える心のゆとりがない。

自分の心の居場所があれば、批判に異常に敏感になる必要はない。

批判に対して過敏なのは「隠れたるナルシシスト」である。

「隠れたるナルシシスト」は否定的な感情を内づら化している。[7]

悲観主義者は「隠れたるナルシシスト」である。

否定的な感情を内づら化しているから、将来を悲観的に見る。

誇大な自我のイメージを持ち、自己陶酔していながらも心の底では自己蔑視している。

表面的に誇大な自我のイメージを持ち、自己陶酔していながらも無意識では「自分は偽物である」と感じている。

意識における誇大な自我イメージと、無意識での「自分は偽物である」という自己イメージの矛盾がナルシシストのパーソナリティーである。

ネガティブ・ナルシシズムは、その偽物コンプレックスが表面化したものである。

劣等感と優越感が同じコインの表と裏であるように、ナルシシズムと偽物コンプレックスも同じコインの表と裏である。

ナルシシストはどんなに誇大な自我のイメージを持ち、自己陶酔していようとも、心の底では自分は本物でないと感じている。とにかく無意識の領域では自己蔑視が激しい。

だから現実が怖いのである。うぬぼれながらも心の底では「あいつは俺と違って本物だ」というような劣等感がある。それが現実へのおびえである。

思想家であるカール・ヒルティーのいう「外で子羊、家で狼」である。それもナルシシストである。それは外ではナルシシズムの偽物コンプレックスの側があらわれ、怯えて自信がない。そこでやたらに迎合する。

家では誇大な自我のイメージの側があらわれて凶暴になっているのである。

家ではナルシシスト、外ではネガティブ・ナルシシストといってもよいだろう。あらわれ方が正反対であるが、本質は同じである。

ナルシシストが救われるためには、自分の無意識に偽物コンプレックスがあるということを認めて、それに直面し、それを乗り越える以外にはない。

内づらがわるくて外づらがよい人も、同じである。自分の心の底にナルシシズムがあることを認められるか、認められないかである。

◇シャイ

〝シャイ〟とはどういう意味か、ということについてフィリップ・ジンバルドーの『シャイネス』（木村駿／小川和彦訳・勁草書房刊）という本にいろいろとあげてある。

シャイであるというのは臆病さ、警戒心、不信感ゆえに近寄るのが困難ということのようである。

シャイな人は用心深く、特別な人やものに出会ったり関係したりするのを嫌がる。用心して口をきく。自己主張など気がひけてできない。シャイな人は過度に内気で引っこみ思案である。懐疑的な性格である。他人の前で居心地がわるい。

もとの言葉は「uncomfortable」である。

『シャイネス』という本からいろいろとシャイについて引用したが、私がいいたいのはシャイネスそのものではない。私が『シャイネス』のこれらの箇所を読みながら思ったことは、これはうつ病の病前性格というものにあたるのではないかということである。

うつ病の病前性格というと、精神科医の下田光造の執着性格や、同じく精神科医のフーベルトゥス・テレンバッハのメランコリー親和型などが出てきて、日本とドイツの専売特許のようになっている。しかしうつ病の病前性格をシャイな性格といってもよいのではないかと思っている。

うつ病の病前性格というとすぐに几帳面とか強い正義感とか、他人の拒否を恐れて善意にふるまうとか、自己主張ができないとか仕事熱心とか、いろいろでている。しかしこれらのことは、裏を返せば用心深いことであり、たいへんに臆病なことであり、心の底では懐疑的であるということではないだろうか。

よくいえば、几帳面だとか責任感が強いということになるが、わるくいえば用心深く臆病ということであろう。

心の底の底で懐疑的な人が、その疑い深さを抑圧することで意識的に正義にこだわるのではないだろうか。

自己主張ができないということについては『シャイネス』についてもまさにそのとおり、「shrinking from self-assertion（自信が持てずに萎縮している）」と書いてある。

つまりうつ病になりやすい性格の人というのは、表面上は几帳面であったり責任感が強いように見えるが、実は臆病で懐疑的で自信のない人なのであろう。不信感から用心深くなっているということである。

ジンバルドー自身、シャイネスはそのもっともひどい状態においては心が麻痺して、結果としてうつ病になると書いている。

『シャイネス』はさらに、その積極的な面として遠慮深さ、引っこみ思案、控えめ、謙虚さなどを挙げている。これはまるで日本人の美徳について書いてあるような気さえする。

つまり、シャイネスな人は孤独で自分が好きになれず、人を恐れている。人と一緒にいても楽しいというよりどこかぎごちない[8]人々なのであろう。心の底で人に好かれたいとは願うが、誰も自分を好いてくれないのではないかと思ってしまう。これは対人恐怖症の人の特徴である。

それにしても「寡黙で控えめなことを美徳とする」、このような日本文化は恐ろしい気さえする。

なぜならシャイネスというのは、やはり基本的には人生の早い時期に解決すべきものが解決できないまま残されていることから生じている。解決できないのはまさにこれらの美徳に負うところが大きいように思えるからである。

攻撃性や性的欲求は心の中で禁止されている。しかし決して消えてはいない。つまり心の中で葛藤がある。子供のころ、母親の愛や注目や関心を独占したかった。しかしその願望は満たされなかった。この根源的欲求が抑圧されてしまっている。

そこから生じてくる葛藤がある。それらの葛藤の反応としてでてくるのがシャイネスである。

控えめなこと、謙虚なことはわるいことではない。しかしそのような人の心の底に敵意と恐怖感があるとしたら、そのことを文化の一つの価値として推賞できるだろうか。

抑圧の結果として誘発されるシャイネスの症状を文化的価値とするならば、人々が欲求不満に陥っても何の不思議もない。

たしかに日本人の中には、一見立派な人だけれど、どこか心の底に不満をこびりつかせているような人が多い。そしてそのような心の底の不満が、社会生活への不満の表明となってあらわれてくる。

◉気をつかいすぎるのは逆効果

シャイな人がシャイであるのは外に対してである。シャイな人が過度に内気であり引っこみ思案であるのは外づらの面である。

シャイな人の内づらというのは逆である。

シャイな人が控えめ、謙虚といっても、それは本当に控えめであったり謙虚であったりするのではない。他人からの攻撃を避けるために控えめであらねばならないから控えめであるにすぎない。

彼らは謙虚でありたくて謙虚であるわけではない。他人からの称賛を求めて謙虚であるにすぎない。

それらの欲求不満があらわれるのが内づらなのである。攻撃性や性的欲求が抑圧されることで心に葛藤がある。その葛藤の苦しみがストレートに表現されるのが内づらのわるさである。

したがって外づらとしては控えめ、謙虚でありながら、内づらとしては不機嫌になる。

もともとうつ病の病前性格として挙げられているものはこれらの外づらである。この指摘がなされていないのが不思議なくらいである。

うつ病の病前性格が外づらであるということを理解すれば、なぜそのような性格の者がうつ病になりやすいかよくわかるのではなかろうか。

躁うつ病に親和性のある性格というと、第一に下田光造の執着性格、テレンバッハのメランコリー型がでてくる。それらは仕事熱心、正直、几帳面、強い義務責任感、他人との摩擦を避けて他人に迷惑をかけまいとする等々である。

あるいはクレッチマーの循環気質などということも挙げられるだろう。社交的な人々である。義務責任感が強くて、人づきあいがよいという人々である。

これらの人々は、たしかに正直で仕事熱心で他人に迷惑をかけないが、決して人々と心のふれあいを持ってはいない。

これらの性格はあくまでも「ある危険を避けるため」のものである。他人の評価によって自分が傷つくのを避けようとしてそのようにふるまっているのであって、他人に対して心を開いてはいない。自我防衛の結果がこれらの性格なのである。

外づらがよくて内づらのわるい人というのは他人と心のふれあいを持てない人なのである。内づらがわるくて外づらがよい人は、他人とかかわりながら生きているのではない。自己中心的に生きている。他者の存在がない。

◉自分を守るべきとき、心を開くべきとき

他人に対し対抗意識があると、何かを一緒にやっていても、気持ちは「一緒にやろう」とはしていない。したがって対抗意識があるとなかなかコミュニケーションができない。

対抗意識があると、何かを一緒にやろうという気持ちになった場合、自分の自尊の感情が維持できないような気がしてくるのである。

この場合、他人とは、何かを一緒にやるべき存在ではなくて、常に自分を軽蔑する可能性を持っている存在である。したがって、対抗意識の強い人はたえず他人をコン

トロールして自分を尊敬するように仕向けようとする。

他人を恐れると同時に他人をさげすんでいるから、他人と〝一緒に〟なると自分の尊厳が保てないような気がする。つまり、他人は「気を許せない」存在なのである。だから、他人が〝一緒に〟という姿勢を示すと、親しみを感じるどころか不快を感じてしまう。

外づらがよく内づらがわるい不機嫌人間も同じである。内側の人というのは常に〝一緒〟の存在である。外の人のように評価したりされたり、という人間ではない。

仕事のことで外の人に評価されたとしても、それは内側の人にとってはたいして大切なことではない。内側の人にとって、たとえば男は職業人ではなく、夫であり、父である。

夫とか父とかいうことは、〝一緒〟の存在である。男として外で失敗したとしても、それは妻と子にとってはさして問題ではない。たとえ失敗して外で評価を下げたとしても、妻にとってはよい夫、子供にとってはよい父であればいいのだ。

だが、外の世界で傷ついた自尊心を家の中で回復しようとしている人間にとっては、これはおもしろくない世界観である。外の世界で何か失敗しても、内の世界で心が癒やされるという人は、もともと自尊心の高い人なのである。

対抗意識が強い場合、他人を圧倒して支配できれば、自分の優勢と自分の価値を信じられる。しかし逆に他人に圧倒されて軽蔑される場合には、他人は自分の価値を貶《おとし》める可能性もある。

他人を卑《いや》しめるか、他人に卑しめられるか、そのどちらしかない。ところが内側の世界は〝一緒〟という世界である。勝ち負けのない世界である。

対抗意識の強い人間にとって、〝一緒〟とはとりもなおさず自分を卑しめることでしかない。しかし内側の世界の人間は外の世界の人間のように戦うべき存在ではない。したがって勝つ可能性もまたない存在である。つまり、自分の低い自尊の感情を高める可能性のない存在なのである。そこで内の人間に対しては、かえって心を閉ざすことになる。

簡単にいえば、共同体では優劣は問題にならない。それに対して機能集団的人間関係では優劣は問題になる。

機能集団的人間関係では、役割を通して人と人とが関係する。共同体では、役割を通して相手とかかわっているのではない。人は人としてかかわる。

近親いびりはこの典型である。内の人間は自分を不安にさせ、不快にさせ、何をやっても癪《しゃく》にさわる。

対抗意識が強くて外づらのいい人は、別に外の人間に心を開いているわけではない。外の人間とは心を開かなくてもつきあえる。しかし内側の人間とは、心を開かなければつきあいづらい。

心を開かなければならないところで心を開けないというのは不快なことであろう。抑圧の強い人間にとって、心を開くということは、身を危険にさらすことである。自我防衛をなくすということである。

他人に傷つけられまい、自分が傷つくまいとしてたえず自我を防衛してきた。その防衛をやめるということであるから、心を開くということはたいへんなことである。外づらのよい人というのは、自我防衛なしに他人に会えない人である。外の人に対してはそれでよい。しかし内の人に対して、自我防衛というのはそもそも場違いなのである。

また外側の人間に対しては、役割アイデンティティーだけで自分を維持できる。外での自分と他人との交流は、役割の確認というチャンネルを通じて行なわれる。

しかし封建時代でもない現在の家庭にあって、父という役割と子という役割との確認というチャンネルを通じてだけ交流するわけにもいかない。どうしても、そこには「我と汝《なんじ》」という生《なま》の人間同志の相互関係が求められてくる。

そう考えてくると、不機嫌な人間というのが明治時代からあらわれてきたというのがよくわかる。封建時代は、すべて人と人との交流を役割の確認というチャンネルを通じて行なおうとすれば行なえたからである。

うつ病者は社会的役割関係の保全と安定に極度に依存している。役割関係を通じて人と交流する。そしてその役割の中に自分の価値を見出す。

部長と課長という役割を超えて心のふれあいを持てる人と持てない人がいる。自分が課長としてのみ行動し、課長という中にしか自分の存在理由を確認できない人は、他人を部長としてのみしか見ない。

そしてこのような役割関係においては常に外づらである。したがって、企業の中で一生懸命働いていていても親密さを育てることができない。

他人と〝一緒〟という気持ちができてこないどころか、対抗意識が心の底にある。心のふれあいを持てない者は、部長と課長という役割の確認ということを通してしか、他人と交流ができない。

◉今日から「子羊の私」を卒業する

内づらがわるい人が、心理的に成長するための最後のポイントがある。

◇非生産的構え

内づらがわるくて外づらがよい人は、非生産的構えで生きている。

身近な人には搾取《さくしゅ》タイプの人になり、外の人には受容的構えになる。受容的構えの人は、自分には価値がないと考えている。そこで受容的構えの人は貢ぎ物をする。

生産的構えの生き方とは、自分の潜在的能力を活かした生き方であり、そう生きる心の構えである。

内づらがわるくて外づらがよい人が、心の葛藤を解決するためには生産的生き方をするしかない。非生産的構えを生産的構えに変えることで、内づらがわるくて外づらがよい生き方は自然と治ってくる。

内づらがわるくて外づらがよいというのは、非生産的構えの結果であって、原因ではない。つまり内づらがわるくて外づらがよい人が、内づらをよくしようとしても、なかなかよくなるものではない。

外で子羊は、受容的構えの人。フロムは非生産的構えの一つとして、受容的構えということを挙げている[9]。

受容的構えは、内づらがわるくて外づらがよい人の、外づらの面をあらわしている構えの心理である。

受容的構えの人は「愛の対象を選ぶにさいして選択をしない[10]」とフロムは述べている。それは手と足を怪我して、包帯を巻いている人が、酔っぱらいが来たら、それでも世話をしようとするようなものである。

受容的構えの人はとにかく好かれることがたいへん重要なことである。誰にでも好かれようとしている。

小さいころから本当には愛されていないから心の底からさみしい。精神科医のボールビーのいう不安定性愛着の子と同じである。つまり小さいころ愛着人物との関係が不安定だった人である。

この「誰でも」ということが大切である。フロムは「anybody（誰であっても）」といっている。

さみしい人は「相手にとって都合のいい人になる」と、「本当に好かれる」との違いがわからない。相手にとって都合がいい人になることで、相手がちやほやしてくれると「好かれている」とか「重んじられている」と錯覚してしまう。

落選しそうな候補者はおかしな宗教団体の票でも欲しい。

「ノー」といえない。誰に対しても「イエス」と答える。愛のない子はとらえられて最後は利用されるだけである。最後になるまで気がつかない。

受容的構えの人は、大人になってもその幼児的願望で動いているのである。

だから魔法の援助者を求める。「特別の性質の忠誠心を抱く」というが、これは幼児が母親に特別の性質の忠誠心を抱くということである。

極端な場合にはカルト集団のメンバーと教祖との関係だろう。受容的構えの人は搾《さく》取《しゅ》するものにさえ感謝する。

彼らは心理的に安定するためには援助者が必要である。

この構えの人は「安定を感ずるためには多くの援助者が必要であるから、多くの人々に忠誠をつくさなければならない[11]」。

だから誰にでも忠誠をつくそうとする。誰にでもつくす姿勢を見せる。

「彼らは助けなしに何事も為しえないと思っているので、一人ぼっちになると駄目になったと感ずるのである[12]」

内づらがわるくて外づらがよい人は、実は一人ぼっちではない。内づらを見せている人は、まさに彼を助けようとしているのである。しかし内づらがわるくて外づらがよい人は、その自分が見せている内づらの世界の人を信じられない。

内づらがわるくて外づらがよい人は、自分をてきとうに扱っている外の世界の人に忠誠をつくし、自分を本当に大切に思ってくれる人に対して、不満になり凶暴になる。

「彼らはしばしば、純粋なあたたかさと、他人を助けたいという願望を持つが、他人の好むことをなしつつ、彼らはまたその人たちの寵《ちょう》を得るというはたらきを予想してもいるのである[13]」

何か窮地《きゅうち》におちいる。ノイローゼ気味の受容的構えの人は、「誰かが助けてくれること」を待っている。そこに「私が助けてあげましょう」といってくる人がいる。そこでコロリとだまされる。

受容的構えの人は、外づらのよい八方美人になって何でもよく働こうとするが、無理がある。働き者だからずるい人には利用価値がある。有能でかつ受容的構えの人の周囲にはずるい人が集まってくる。

だいたいどのようなタイプでも利用される人は一人で生きていく自信がない。会社でも一人でやっていける自信がない。自分の社内での地位を自分の力で守っていける自信がない。

一人で生活していく自信がない。そこでどうしても周囲に迎合して周囲の好意で生きていこうとする。その弱さをずるい人から見すかされるのである。

彼らは本当に実力がないのではない。実力は十分にある。しかし自信がない。

受容的構えの人が自信がないのは、彼らの生きる姿勢による。一人では生きられないという心理的自立性の欠如である。

いいように利用される受容的構えの人は、実際には実力はあるのに相手にすがっていい顔をする。心理的に一人では生きられないということが彼らの弱点なのである。

そこでどうしても相手にすがる。

ずるい人のほうはその弱さを見抜く。受容的構えの人はずるい人のいいなりになる。受容的構えの人はいいなりになりながらも、ずるい人に感謝をしたりする。ずるい人はどんどん搾取できる。

利用される人は目の前にニンジンをぶら下げられて走らされている馬みたいなものである。それほど愛が欲しいということでもある。しかし別の視点からいえば、五歳児の若者になる。

働けばいいが、働かないですねることも多い。身近な人に対しては、愛は常に愛されることだから、いつも不満である。遠い人に対しては八方美人になるが、近い人には要求ばかりの人になる。家では狼、外では子羊である。

自分が受容的構えの人だと思った人は、何事も「楽をしよう」として人に任せないこと。

あとがき

他の誰のためでもなく、「自分のための人生」を

これからの時代、確実に増えていく内づらがわるくて外づらがよい人は当人にとっても周囲の人にとっても深刻な問題である。

「狼に衣着せたるごとし」という格言がある。凶暴な性質の狼に、慈悲の姿である法衣を着せたような人こそ、この本でとりあげてきた内づらがわるくて外づらがよい人たちである。

慈悲の姿である法衣に目を奪われて、いかに多くの人が狼に食い殺されていること

だろうか。そしてまた私のところに届いてくる悲鳴というのは、次のような趣旨である。

それは「この人は狼です」と他人にいっても、他人はその法衣に目を奪われて、訴える人のいうことを信じてくれないというものである。

姉夫婦について、嘆いている人がいる。

その人は「姉夫婦は、私にはいつも不機嫌だった」という。

彼女は小さいころから「お前は邪魔だ、どこか行け」といつもいわれていた。行き場のない彼女はいつもおびえていた。

「しかし彼らは人前に出ると、やさしそうな笑顔を振りまき、世間ではとても賞賛されています。姉も人前ではとても愛想がよく、そんな二人を見ると私はなんだかつらくなります」

「私に対してあんなに冷たいのに」と、嘆く。

「彼の実家があります。そこでも二人は家では何もなかったように、笑顔で話をするのです」と不思議がる。

姉は「まあ、しっかりしてらっしゃる人」「人当たりがよくて、やさしくて」といわれる。自殺未遂しているなどと、精神科の医者も気がつかない。

「人前では明るくふるまっているが、私の前では気むずかしくて、暗い人。異常なほど〝よい人〟だが、いつも他人の悪口をいい、誰も信じていない。通常はものすごくケチだけれども、他人の前では人が違ってしまう。夕食の支払いはいつも自分に押しつけてくる」


そして中には自分が食い殺されつつあるのに、相手が怖くて、相手を狼と思えない人がいる。

自分の父親が卑怯であるのに、父親が怖くて卑怯と思えない、自分の母親が自分を愛していないのに愛していないと認めることを拒む。

皆うすうすとそれを感じているのだが、それを認めることを恐怖心から拒む。

その人と会ったときに、その人の体は痣《あざ》だらけであった。父親の虐待である。しかしその息子は「父親は私を愛している」といいはった。父親は外づらがよくて、地域の名士であった。

ありのままに現実を認めてしまいさえすればフーッと体と心からストレスがとれて、生きることが楽になる。

ところが、弱い人は自分が望まないものは見えても、見えていることを拒否する。だから心にも体にも力が入り、ストレスで疲れるのである。

たとえば内づらがわるくて外づらがよい人は、本当は「本来の自分」を裏切って生きている。自分自身の人生を生きていない。そのことがその人の欲求不満の本当の原因である。

しかしそれを認めないで、延々と人の悪口をいいつづける。悪口をいってもいっても満足しない。

本当はある人に嫉妬しているとする。本当はある人の成功や恋愛が気に入らない。ところが、その嫉妬している点を認めないで、他の点を問題にして、延々と悪口をいう。

嫉妬は嫉妬の焦点を認めることを拒む。だからこそ嫉妬は持続的なのである。嫉妬はいつまでも嫉妬する人間を苦しめる。

そして自分が嫉妬を感じている人より強い立場であれば、その人をいじめにかかる。大義名分を主張して相手を苦しめる。話す内容は立派でも動機は嫉妬である。

内づらがわるくて外づらがよい人が不機嫌になるとなかなか直らないのも同じである。彼らは、自分についての重大な真実を認めない。自分の人生を生きようとしなかった。その結果、いつまでも充足感を得られない。自分の人生を生き抜こうとしなかったことが自分を苦しめつづける。

この本では内づらがわるくて外づらがよい人は、何を認めていないのかを説明してきた。

紙面の都合でとりあげられなかったが、うつ病と「内づらがわるくて外づらがよい人」というテーマとは関係がある。

別の機会でとりあげたいと思っている。

脚注

【はじめに】

（1）George Weinberg, The Pliant Animal, 1981 St. Martin's Press Inc., New York, pp.159-160,『プライアント・アニマル』加藤諦三訳、三笠書房、１９８１年11月10日、１３１頁

（2）Social Interest: A challenge to Mankind, By Alfred Adler, Translated by John Linton, M.A., and Richard Vaughan, Faber and Faber LTD, 24, Russel Square London, p.159

【1章】

（1）Arfred Adler, Social Interest: A challenge to Mankind translated by John Linton and Richard Vaughan, Faber and Faber LTD, p.150

（2）Arfred Adler, Social Interest: A challenge to Mankind translated by John Linton and Richard Vaughan, Faber and Faber LTD, p.151

【3章】

（1）George Weinberg, Self Creation, St. Martin's Press Inc., New York, 1978,『自己創造の原則』加藤諦三訳、三笠書房、１９９３年９月30日、２７９頁

（2）George Weinberg, The Pliant Animal, 1981 St. Martin's Press Inc., New York,『プライアント・アニマル』加藤諦三訳、三笠書房、１９８１年11月10日、１４３頁

【4章】

（1）ヒルティー『幸福論 I』氷上英廣訳、白水社、１９８０年5月5日、60頁

（2）Karen Horney, Neurosis and Human Growth, W.W.NORTON & COMPANY, 1950, p.121

（3）Paul Wink Institute of Personality Assessment and Research University of California, Berkeley, Two Faces of Narcissism, Journal of Personality and Social Psychology, 1991, Vol. 61, No. 4, 590-597 Copyright 1991 by the American Psychological Association, Inc. 0022-3514/91/S3.00

（4）Narcissism and Sensitivity to Criticism: A Preliminary Investigation, Gordon D. Atlas & Melissa A. Them, Published online: 16 February 2008, p.63, # Springer Science + Business Media, LLC 2008

（5）ibid., p.63

（6）ibid., p.63

（7）ibid., p.16

（8）awkwardness

（9）性格の類型、人間における自由、82頁

（10）Erich From, Man for Himself, Fawcett World Library, Inc, 1967, pp.70-71,『人間における自由』谷口隆之助、早坂泰次郎訳、創元新社、１９９５年5月30日

（11）前掲書、83頁

（12）前掲書、83頁

（13）前掲書、84頁

本書は、小社より刊行した文庫『「内づらと外づら」の心理』を、加筆・改筆、改題したものです。

加藤諦三（かとう・たいぞう）
心理学者。一九三八年生まれ。東京大学教養学部卒業。同大学院修士課程修了。
現在、早稲田大学名誉教授、ハーバード大学ライシャワー研究所客員研究員、ラジオの『テレフォン人生相談』パーソナリティー。
主な著書に、『自分を嫌うな』『軽いうつ病D氏の日常生活』『うつ病は重症でも2週間で治る、もし……』『心が強い人 少し弱い人』『なぜ、あの人は自分のことしか考えられないのか』（以上、三笠書房）、『自信』『感情を出したほうが好かれる』『気が軽くなる生き方』『自分を許す心理学』『無理しない練習』（以上、三笠書房《知的生きかた文庫》）など多数がある。
［加藤諦三ホームページ］
http://www.katotaizo.com/

知的生きかた文庫

「いい人《ひと》」をやめたほうが好《す》かれる

著　者　加《か》藤《とう》諦《たい》三《ぞう》
発行者　押鐘太陽
発行所　株式会社三笠書房
〒一〇二-〇〇七二 東京都千代田区飯田橋三-三-一
電話〇三-五二二六-五七三四〈営業部〉
〇三-五二二六-五七三一〈編集部〉
http://www.mikasashobo.co.jp
印刷　誠宏印刷
製本　若林製本工場

ISBN978-4-8379-8515-0 C0130

C0110